一本讀懂 大正日本

周佳榮 —— 著

上　1914 年 3 月，大正博覽會在
東京上野舉行。圖為第一會場
工業館

下　大正博覽會第一會場水產館

[東京の栗将天観正會製覧]　第一會場　朝鮮館

[東京の人覽大正觀覽會]　第一會場　礦山館　及　林業館

上　大正博覽會第一會場朝鮮館

下　大正博覽會第一會場礦山館及林業館

（東京の一、大正大博覧會）第二會場 運輸館

（東京の一、大正大博覧會）第二會場 農業館

上　大正博覧會第二會場運輸館

下　大正博覧會第二會場農業館

大正八年五月（三大祝典紀念）　馬塲先門ノアーチ

大正八年五月（三大觀典紀念）　神田橋ノアーチ

上　1919 年東京三大祝典位於馬塲先門的奉祝門

下　1919 年東京三大祝典位於神田橋的奉祝門

神田橋の扇崩 　　　　　　　（東京大震火災之實況）

火に追われたる避難民上野驛前に押寄す 　　（大正二十二年九月一日大震火災の慘狀）

上　1923 年 9 月 1 日上午九時五十八分，日本關東平原發生了一場八點一級大地震。圖為大地震發生後受到嚴重破壞的神田橋

下　關東大地震發生後，大批東京災民擁擠在上野車站一帶。

上　今天位於東京都千代田區神保町的岩波書店

下　今天位於東京都千代田區神保町的內山書店，
書店招牌仍然沿用郭沫若的題字。

目 錄

編寫說明

　　第一，本書介紹的人物主要是大正時代（1912-1926 年）活躍於日本社會的知名人士，總共一百三十五人，他們的事蹟足以從政治、經濟、思想、文化、學術等各方面反映出這個時代的整體面貌。

　　第二，《一本讀懂明治日本》中已載錄的人物，部分在大正時代仍有活動，本書不作重複介紹，大正時代一些於進入昭和時期有主要活動於人物，則不屬於本書範圍之內。

　　第三，重點人物在各該領域中具代表性，內容較為詳細；人物群像一般與重點人物有關連，或屬於相近範疇的著名人士。

　　第四，近代不少日本名人是東京大學出身，但東京大學的名稱經歷過幾次改變。東京大學創立於 1877 年（明治十年），是日本最早的國立大學；1886 年（明治十九年）據《帝國大學令》改組為帝國大學，由法、醫、工、文、理五個分科大學與大學院（研究院）構成，1890 年（明治二十三年）增設農科分科大學。1897 年（明治三十年），因京都帝國大學創立，帝國

大學改名東京帝國大學，戰後於 1947 年（昭和二十二年）改稱東京大學。本書在提到該校時，盡量使用符合時代的校名。

第五，本書記述採用西曆，只在有必要表明的時候才兼用日本年號（例如 1912 年先後採用明治、大正兩個年號）。附錄三的年號對照可供參考。

序

　　本書是《一本讀懂明治日本》的姊妹篇，可以視為明治維新的續集，反映了大正時代日本人在近代化進程中的方方面面，尤其是大正民主主義運動作出的努力及其挫折。

　　大正時代只有十四五年，相對於明治時代（1868-1912年）和漫長的昭和時代（1926-1989年），日本人或稱之為「中間時代」，或視之為「過渡時期」，而忽略了大正時代本身的獨特性和歷史意義。扼要地說，這既是明治維新的延續，也是明治維新的反動，一個具有雙重性格的轉換時期。也有人以「大正浪漫」來形容大正時代的思想潮流和文化現象，夏目漱石是日本率先使用「浪漫」一詞的人。

　　明治維新使日本由幕藩體制轉變為近代天皇制國家，從而走向絕對主義天皇制之路，大正時代因而有天皇機關說和普選論與此應對。明治維新也使日本由傳統封建社會轉變為近代資本制社會，繼自由民權運動之後，出現了大正民主思潮，伴隨而來的是市民社會生活和近代學術文化的進一步開展。因此，緊接着

大正時代之後，是昭和前期軍國主義抬頭及向外發動侵略戰爭，第二次世界大戰結束後，昭和後期的民主化改革和經濟高速增長，在某個程度上也可視為大正日本理念的達成。

中國史學界對近代日本的注意，一向重視明治維新而忽略大正民主主義運動，有關方面的著作寥寥可數，論述亦欠缺全面。本書的撰寫，相信可以加深讀者對近代日本史的認識，明治維新的評價，從中也可更充分地得到說明。由於參考材料所限，書中不完善的地方是要請讀者體諒的。

周佳榮　謹識

2020 年 12 月 7 日

導論：大正民主主義運動

　　大正天皇（1879-1926 年）名嘉仁，1889 年（明治二十二年）11 月立為太子。1912 年 7 月即天皇位，改元大正。在位期間，出現了兩次護憲高潮。在日本近代史上，大正民主具有重要意義。

1. 大正民主主義運動的形成

　　大正民主主義運動（Taisho Democracy）是繼明治初年自由民權運動後，日本第二次民主主義高漲的時期。其年代是由 1905 年（明治三十八年）日俄戰爭結束，至 1925 年（大正十四年）《普通選舉法》成立。這二十年間，日本在政治以至社會、文化各方面，均顯著地出現了民主主義傾向。由此而生的，基本上說，是廣泛的民眾為了取得及擁護政治的、市民的自由而進行一連串運動。這現象的形成，主要有兩個原因：

　　第一，1890 年開設議會、實行立憲政治以後，藩閥、官僚勢力壟斷了明治政府。1905 至 1925 年這二十年間，政友會、憲政會等政黨，相對於藩閥、官

僚勢力的政治比重次第增加，因為經 1918 年原敬內閣成立，以至 1924 年加藤高明內閣組成，確立了政黨內閣制的政治慣行。換言之，近代日本政黨政治的確立期主要是在大正時代，所以稱之為大正民主主義運動。

第二，這二十年當中，追求政治民主化的民眾運動，在政治動向中開始有影響力，主要事件如：1905 年日俄戰爭講和，民眾不滿，爆發了日比谷燒打事件（縱火破壞事件）。大正政變是開啟大正時代的重要事件，在政變之前，民眾尤其是知識分子的批判意識已經成長，報刊漸有強大的社會發言力量。1913 至 1914 年第一次擁護憲政運動、1920 年要求普選大示威遊行。1924，年擁護憲政示威遊行情況一次比一次明顯。

上述每次事件，都有過萬群眾參加，都市知識分子、新聞界人士、急進自由主義政黨等，為其政治指導部，代表人物有吉野作造、犬養毅、尾崎行雄等。

大正民主主義運動可以分為兩大陣營：一個是「權力的世界」，即政黨；另一個是「非權力的世界」，即民眾運動及其指導部。這兩大陣營，統一於 1924 年成立的加藤高明內閣（護憲三派內閣）之下。

其後，至 1932 年五‧一五事件為止，政友會與民政會（憲政會演變而來）交替成立新政，使政黨內閣制的慣習得以繼續。又由於 1925 年《普通選舉法》

的成立，達成了包含合法無產政黨成立在內的國內民主化。

2. 吉野作造及其民主本義

吉野作造留學歐美，歸國後提出民本主義的主張。他將 democracy 區別為二：

第一是民主主義 ——「國家之主權在人民」這種法理上的觀念，就是民主主義。

第二是民本主義 —— 主權者運用主權，而尊重民眾的意向，就是民本主義。

他認為民本主義與君主主義並無任何矛盾。他的見解，被批判為不問主權之所在，是不徹底的民主主義論。但在尊重民意及擁護議會政治等原則問題上，仍有大的功績。

後來則演變成為在君主主義架構內，如何尋找出路的論爭。其中一派是吉野作造等人，主張漸進主義的資產階級民主；另一派是堺利彥等人，從無產階級立場出發而志向於社會變革。但後者的活動頗為困難。1917 年俄國十月革命取得成功後，刺激了吉野作造等人，包括青年學生和知識分子都加強了對社會主義的關心。1918 年結成的東京大學新人會中，就有很多人是社會主義者。

第一次世界大戰後高揚的婦女運動、勞工運動、農民運動、社會主義運動等，各自都是大正民主主義運動的一環，這些運動甚至出現了革命的意向。但因各運動內部分裂，作為整體的大正民主主義運動也呈現出分解之相。在第二次擁護憲政運動中，既有政黨對民眾組織並不表示熱誠的意向；1925 年《普通選舉法》成立，與此同時，制訂了《治安維持法》，實亦象徵其解體。

總的來說，各種各樣的民主主義要求和運動，未分化的混合在一起，是大正民主主義運動的特徵；其後，脫離了民眾的政黨即為日本法西斯主義所打敗。

3. 大正民主主義運動的源流

從民本主義入手，作為大正民主主義時期最有力的、指導性的政治理念，加以探討，在研究者之間幾無異議。但這個運動的主要倡導者吉野作造在 1928 年說，其直接的源流並不在於憲法頒佈前的自由民權運動，而是強調社會主義運動。他說這番話時，正值社會矚目的無產階級政黨運動發展之際。但歷史事實顯示，他的回憶不應予以否定，他在此稍前時，曾致力於促成社會民眾黨的創立。

吉野作造說，社會主義中有種種的團體組織，他

所接觸的是與基督教有深厚關係的安部磯雄、木下尚江、石川三四郎等人的團體，亦即日俄戰爭後從幸德秋水、堺利彥等社會主義運動主流分出來的《新紀元》一派，他們在日俄戰爭前是日本社會主義運動的先驅者。1901 年創立的社會民主黨，其宣言成於安部磯雄之手，當中列出土地、資產公有，階級制度完全廢除等社會主義「基礎的綱領」；而作為面對實際問題的運動綱領，則有比例代表制普通選舉法之實施，治安警察法之廢止，勞工團結權之保障，新聞條例之廢止，貴族院之廢止，軍備縮小等民主主義的要求。即是說，日本社會主義運動是以民主主義的實現作為第一任務。

社會民主黨結黨後不久被禁，數十名社會主義者，以社會主義協會為據點，加上一些民主主義小團體（理想團、政治學會、社會問題講究會等），從事啟蒙、宣傳活動，特別用力的是普通選舉運動。要求普選這一點，與藩閥專制尖銳對立的急進分子的要求是一致的，即是說，兩派之間只有要求普選是唯一共同的口號。

1899 年秋在東京組織的普通選舉期成同盟會，具有各民主主義小團體統一組織的性格。至此，社會主義者與一部分的自由主義者密切地相提攜。當然，這

並不是說，大正民主主義運動的源流，只限於社會主義者的運動。

4. 大正民主主義運動的性格

自由主義陣營的重要思想特徵，是明顯的國權主義色彩，當時「國權」的確立，並不是指對外獨立，而是指對外活動和擴張。

大正民主主義運動是在日本帝國主義確立後形成的，因此具有特殊的性格。帝國主義必然具有的性質之一，是政治的反動，這就不可避免地，會引起廣泛的民眾要求政治自由、市民自由的運動。但是另一方面，民眾也不斷地受到帝國主義思想的污染，例如大國主義之類；而且，作為帝國主義相對勢力的社會主義運動，其登台與大正民主主義運動原本的旗手 ── 自由主義勢力之間，也出現了親和以及反撥的微妙關係。無可否認的是，大正民主主義的出發點，具有「內則立憲主義，外則帝國主義」的指導理念。

大正時代要求民主主義改革的運動和思潮，其中心目標有二：第一，是縮減元老、樞密院、貴族院、軍部等特權階層的力量，置議會、政黨為政治核心；第二，是實現普通選舉、婦女參政權等，擴大人民參與政治的範圍。

其理論有二：一是吉野作造的民本主義，一是美濃部達吉的天皇機關說。實踐方面，主要包括：既有政黨主導的普選運動，要求軍備縮小、貴族院改革等。至其弱點，是在天皇制和《大日本帝國憲法》範圍內的合理化要求，並無超越此範圍的志向。

　　隨着《大日本帝國憲法》（通稱《明治憲法》）的頒佈及議會開設，日本近代國家體制漸次確立起來。1889 年頒佈的這個帝國憲法，具有君主主義和立憲主義兩個互相矛盾的要素。究竟應置重點於哪一方面，是可以有不同解釋的；而在憲法學者之間，更是一個關鍵性的問題。在大正政變前夕，東大教授上杉慎吉與美濃部達吉由於持論不同，已形成對立的陣營，並且開展論爭，拉開了大正時代的序幕。

第一章

政治與外交

1912 年 7 月，明治天皇去世，大正天皇即位，開始了新的時代。大正天皇是明治天皇第三子，日本第一百二十三代天皇。當時日本政局的主持者是第二次西園寺（公望）內閣，因反對軍部提出擴張軍備的要求，陸軍大臣上原勇作辭職。軍部大臣一職限定由現役武官出任，但軍部無意推出繼任人選，導致內閣在同年 12 月 5 日總辭，而由代表軍閥的桂太郎組閣。

　　《萬朝報》、《東京日日新聞》（《每日新聞》前身）等報紙掀起「打倒閥族」和「擁護憲政」的輿論，立憲國民黨的犬養毅及立憲政友會的尾崎行雄等人，於 12 月 14 日組成憲政擁護會，開始了日本近代史上第一次護憲運動。桂太郎內閣一再要求大正天皇發出詔書壓制反對勢力，更引起輿論的激烈攻擊。議會再三被下令停開。1913 年 2 月 5 日，議會重新開會，尾崎行雄演說，指責桂太郎「拿着天皇的詔書當炮彈攻擊政敵」，絕大多數議員更加聯名提出內閣彈劾案。

　　於是，議會又停止開會五天，至 2 月 10 日復會時，有六千名民眾（一說數萬人）包圍議會，作為議會的後盾。首相桂太郎決定解散議會，並通知議長大岡育造，大岡指着窗外的群眾說：「請看那批群眾，此刻解散議會，群眾勢必演成流血事件，可能成為內亂

的契機，你的進退將是內亂的分歧點。」桂太郎終抵不住洪流，於同月 11 日辭職，史稱大正政變。這是群眾力量打倒內閣的創舉，大正時代初期的民意有此勢頭，是很值得重視的。

1.1 西園寺公望：桂園內閣的興替

1. 主張自由民權的宮廷貴族

西園寺公望（1849-1940 年），近代日本元老政治家。號陶庵。京都人，江戶時代上層公卿家庭出身，早年參加維新運動，任討幕軍山陰道總督、大參謀。1871 年赴法國留學，受自由主義思想影響，1880 年回國後，創立明治法律學校（明治大學前身）。1881 年與松田正久、中江兆民等創辦《東洋自由新聞》，任社長兼主編，主張自由民權。其後得伊藤博文信任，歷任駐奧、駐德公使等職。1894 至 1896 年及 1898 年兩度出任文相。1900 年起，擔任樞密院議長。

1903 至 1914 年，西園寺公望為政友會總裁。1906 至 1908 年，及 1911 至 1912 年，他曾兩次組閣，都因為與軍部勢力發生衝突而辭職。1919 年以日本首席全權代表身份出席巴黎和會，同年封公爵。

1924 年以碩果僅存的元老身份，負責向天皇奏薦首相，直至 1937 年推薦近衞文麿組閣後辭任。

2. 第一次西園寺內閣

第一次桂內閣之後，西園寺公望組閣，由 1906 年 1 月至 1908 年 7 月。日俄戰爭結束後，日本積極擴軍，以海牙密使事件（1907 年朝鮮派遣密使參加海牙和平會議控告日本侵略朝鮮的事件）為契機，締結《日韓協約》，掌握朝鮮內政。簽訂《日法協約》及《日俄協約》，以應付英美勢力。對內，則推行鐵道國有化政策。

由於明治末年足尾銅礦爭議等勞資糾紛，導致工人暴動。曾對社會主義採取融合政策，但從 1908 年赤旗事件開始，對共產黨實行鎮壓。因日俄戰爭以來，經濟危機日趨嚴重，出現財政困難，在山縣有朋等系統官僚的反對下，第一次西園寺內閣終於倒台。

3. 第二次西園寺內閣

第二次桂內閣總辭職後，西園寺公望組閣，由 1911 年 8 月起擔任總理大臣，至 1912 年 12 月，正值明治、大正交替，是一個關鍵時刻。對內方面，在明治末年的蕭條中採取緊縮財政的方針，推遲陸海軍擴

大，緩辦新事業，並着手整頓行政，以圖穩定政局。對外方面，則對中國的辛亥革命採取不干涉內政及與列強協調的方針。

1912 年，在制訂次年度的預算案時，第二次西園寺內閣於增建兩個師團問題上與陸軍對立，山縣有朋系的官員也反對內閣。同年 12 月，陸軍大臣上原勇作帷幄上奏，單獨辭職。由於陸軍拒不派出繼任陸軍大臣，內閣宣告總辭職。

4. 桂內閣與大正政變

第二次西園寺內閣倒台後，實業家在經濟蕭條的情況下，要求緊縮財政和實行減稅，並且加強對軍閥的批判。桂太郎以陸軍實力人物、內大臣兼侍從長身份組成繼任內閣，即第二次桂內閣；政友會和國民黨動員群眾，掀起擁護憲政運動。

1913 年初，桂太郎提出由自己組織立憲同志會的方針，屢次逼使議會休會，並企圖以解散議會與此相對抗。2 月 10 日，群眾數萬人包圍議會，成立僅五十三天的桂內閣被迫總辭職。第一次護憲運動推翻第三次桂內閣的事件，稱為大正政變。在日本政治史上，這是群眾運動首次推翻內閣的舉動。

表一　第一次護憲運動與大正政變

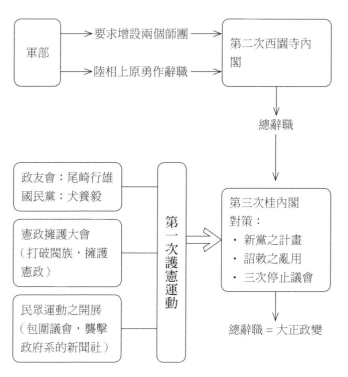

【人物群像】

■松田正久：西園寺公望的左右手

　　松田正久（1845-1914 年），政治活動家。佐賀藩士出身。明治初年，他受陸軍省之命，赴法國留學，學習政治和法律學。回國後曾任檢察工作，後辭官，致力於宣傳自由民權思想，聲援自由民權運動。1881 年，他協助西園寺公望開辦《東洋自由新聞》，積極宣傳自由主

義思想，次年參加建立九州改進黨的組織工作。1890 年從自由黨當選眾議員。

1898 年，松田正久擔任大隈內閣大藏大臣。1900 年參加創建立憲政友會，擔任重要幹部職位；同年，任第四屆伊藤內閣文部大臣。1904 至 1906 年，當選為眾議院議長；1906 年，擔任西園寺內閣司法大臣兼文部大臣等職。在大正政變中，率政友會參加擁護憲政運動。

■林董：西園寺內閣外務大臣

林董（1850-1913 年），外交官。早年留學英國。1871 年入外務省，隨岩倉使節團到歐美考察；1873 年回國後，歷任工部省大秘書、太政官大秘書、香川縣知事、兵庫縣知事等職。1885 年任駐華公使。1891 年任外交次官，甲午戰爭前後，協助外相陸奧宗光處理外交事務。

1897 年後，林董改任駐俄公使、駐英公使及大使，在締結《日英同盟》修約過程中，發揮了重要作用。日俄戰爭後，林董出任西園寺內閣的外務大臣，締結日法、日韓修約，簽訂了《日俄通商條約》及《漁業修約》。

■清浦奎吾：奉命組閣失敗

清浦奎吾（1850-1942 年），官僚政治家。肥後（今熊本縣）人。原姓大久保，後為清浦家養子。幼時就學於教育家廣瀨淡窗。1876 年入司法省任職，參加制定《刑事訴訟法》。後得山縣有朋信任，歷任太政官書記官、內務省警保局長、司法次官等職。1891 年為貴族院敕選議員，曾赴歐洲考察；翌年回國後，任司法大臣、農商務大臣、內務大臣，成為山縣派宮僚的核心人物。

1906 年後，任樞密顧問官、樞密院副議長、議長。

1914 年，清浦奎吾奉命組閣，但未得海軍支持，因而失敗。1924 年 1 月，以貴族院議員為中心組成「超然內閣」（非政黨的內閣），任內閣總理大臣，遭護憲三派攻擊，在大選中失敗，於 6 月辭職。清浦奎吾在政黨勢力異常強大的時候出任首相，正如他自己所說，是犯了「時代錯誤」。此後，以重臣身份參與政事。著有《明治法制史》。

■原敬：號稱「平民首相」

原敬（1856-1921 年），政黨政治家。南部藩日（在今岩手縣）家老之子。曾為《郵便報知新聞》記者。1882 年任職外務省，其後升任外務次長和駐朝鮮公使，因朝鮮光宗亡故而辭職。1897 年任《大阪每日新聞》社長。他又參與成立立憲政友會，1902 年當選眾議員。同時擔任北濱銀行總經理、古河礦業公司董事長。

原敬多次入閣，1914 年任政友會總裁。1918 年發生米騷動後，以「平民首相」（無爵位）身份組織日本第一個正式的政黨內閣。他推行的政策都是從政黨利益出發，又實行壓制社會運動，因而受到輿論譴責，後於東京車站被暗殺。在日本近代史上，原敬是第一個在任時遇刺身亡的悲劇首相。

■高橋是清：原敬的後繼者

高橋是清（1854-1936 年），財政家、政黨政治家。生於江戶，是幕府畫師之子，過繼給仙台藩高橋是忠。1867 年留學美國。1873 年後，入文部省、農商務省供職。1885 年，赴歐美考察專賣商標保護制度。1892 年

入日本銀行，1911 年任該銀行總裁，其間出使英、美兩國，為對俄作戰募集外債。

1913 年，高橋是清加入政友會，先後擔任山本內閣、原敬內閣的大藏大臣。翌年原敬被刺殺後，高橋是清任政友會總裁，直至 1925 年；其間受命組閣，於 1921 至 1922 年任總理大臣。1924 年當選眾議員，任護憲三派加藤高明內閣的農商務大臣，採取延期支付令、禁止黃金出口等政策，以擺脫金融危機和經濟危機。但他因屢次抑制軍部要求，1936 年二・二六事件時，為法西斯軍人殺害，終年八十三歲。

■內田康哉：歷任外務大臣

內田康哉（1865-1936 年），外交官。生於熊本藩士家庭。1887 年畢業於帝國大學法科，入外務省工作，擔任駐外使館人員多年，1897 年任外務省通商局長，次年任政務局長。1901 至 1906 年，任駐華公使；日俄戰爭前後，從事大量外交活動。1907 年任駐奧地利大使，1909 年任駐美國大使。

1911 年，內田康哉任第二次西園寺內閣外務大臣。1917 年任駐俄大使，二月革命後回國。1918 至 1923 年，歷任原敬內閣、高橋內閣、加藤（友三郎）內閣的外務大臣。1931 年任南滿洲鐵道會社總裁，積極推行殖民政策。九一八事變後，進一步靠攏軍部。

1932 年，內田康哉任齋藤內閣外務大臣，承認「滿洲國」，退出國際聯盟。曾聲稱即使日本成為焦土，也不放棄承認「滿洲國」。其外交政策因而被稱為「焦土外交」，與幣原喜重郎的「協調外交」成為對比。

1.2 尾崎行雄：大正初年的「護憲之神」

1. 明治時期的政治活動

尾崎行雄（1859-1954 年），政黨政治家。號咢堂，神奈川縣人。慶應義塾肄業，曾任《新潟新聞》、《郵便報知新聞》記者。1882 年參與創建立憲改進黨，加入大同團結運動。1887 年以「觸犯」《保安條例》為由，被逐出東京。後赴英國倫敦留學。

1890 年，尾崎行雄當選為首屆議會議員。以後連續二十五次當選，創下最高紀錄，1898 年擔任第一次大隈內閣文部大臣時，因發表「共和演說」，被逼辭職。1900 年，參加創建立憲政友會。1903 至 1912 年，擔任東京市長。

2. 大正及昭和時期的事蹟

1912 年，尾崎行雄發起第一次護憲運動，與犬養毅同被稱為「護憲之神」。他反對政友會與山本內閣妥協，因而退黨。1914 年，尾崎行雄出任第二次大隈內閣的法務大臣。1916 年參加創建憲政會，任總務。1921 年，他因攻擊普選法案不徹底而被除名。

尾崎行雄被譽為「孤高的政治家」，大正後期為

普選運動奔走；1930 年代，逐漸傾向於反對軍部。他不滿軍部法西斯化，公開致信東條英機，反對翼贊選舉議員推薦制，而陷於孤立狀態。1942 年發表支援田川大吉郎的演說，被指犯有「不敬罪」並遭起訴，後判無罪。戰爭結束後，尾崎行雄於 1953 年獲名譽議員、東京名譽市民稱號。

【人物群像】

■犬養毅：領導兩次護憲運動

犬養毅（1855-1932 年），戰前日本著名政黨政治家。生於備中（岡山縣）。號木堂。慶應義塾肄業，漢學造詣甚深。做過從軍記者，參加西南戰爭。1882 年參加組織立憲改進黨，投身大同團結運動。1890 年第一屆眾議院選舉時，當選為議員。其後連續十九次當選，取得很高聲譽。1898 年任隈板內閣的文部大臣。後為憲政本黨、立憲國民黨領袖，主張打倒藩閥。

犬養毅關注中國問題，自命為「中國通」，曾幾次來華遊歷和活動，與康有為、孫中山等不少中國政界人士有交往。1912 至 1913 年，犬養毅領導第一次護憲運動，與尾崎行雄同被稱為「憲政之神」，其間曾幫助過金玉均、孫中山。1917 年參加臨時外交調查會，主張舉國一致論。1922 年組織革新俱樂部，次年出任山本內閣

遞信大臣。

　　1924 年，犬養毅領導第二次護憲運動。加藤高明內閣成立後，他再次擔任遞信大臣。1925 年，聲明退出政界；1929 年田中義一去世後，犬養毅出任政友會總裁。1931 年 12 月，組織政友會內閣，任總理大臣。任內日本大舉入侵中國東北，及壓制國內的急進派少壯軍人。1932 年五‧一五事件時，被海軍軍官山岸宏、三上卓等刺殺。犬養毅內閣垮台，戰前的政黨內閣亦宣告終結。犬養毅一生為實現政黨政治奔走呼號，最終未能挽回政黨政治的頹勢。

表二　第二次護憲運動經過

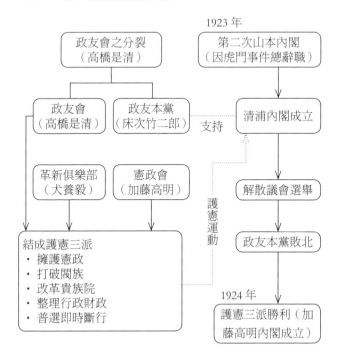

■寺內正毅：陸軍元帥和首相

寺內正毅（1852-1919 年），陸軍元帥、政治家。山口縣人，長州藩士出身，過繼寺內家。早年從軍，參加戊辰戰爭；在西南戰爭中，右手負傷。1885 至 1887 年間，赴法國留學。1888 年為陸軍士官學校校長，其後歷任參謀本部次長、教育總監、陸軍大臣等職；積極參與準備和發動中日甲午戰爭、日俄戰爭，其後擔任南滿洲鐵道株式會社創立委員長。1910 年為首任朝鮮總督，實行軍人獨裁統治。

1916 年，寺內正毅升陸軍元帥。同年 10 月組閣，內閣成員全是官僚出身的人，施行非立憲政治。翌年 6 月，設置臨時外交調查會，選任政友會總裁原敬和立憲國民黨總理犬養毅為委員，企圖創建舉國一致決定外交政策的體制。任內向中國的段祺瑞政府提供巨額的西原借款，締結企圖對美國妥協的《石井—蘭辛協定》。俄國革命發生時，寺內正毅於 1918 年 8 月出兵西伯利亞。由於發生米騷動，1918 年 9 月被逼辭職。

西原借款是寺內正毅的親信西原龜三奔走聯絡而達成的協議，故名。《石井—蘭辛協定》是外相石井菊次郎與美國國務卿蘭辛（Robert Lansing）簽訂的協定，日本自此更無顧忌地加緊侵華舉動。

■伊東巳代治：主張侵略政策

伊東巳代治（1857-1934 年），官僚。長崎人。1882年隨伊藤博文赴歐洲調查憲法，回國後，與井上毅等參與《明治憲法》的制定，其後歷任樞密院書記官、貴族院議員、第二次伊藤博文內閣書記官長、第三次伊藤

內閣農商務大臣、樞密顧問官等職,是樞密院官僚的中心人物。1900 年參與創建立憲政友會,但未加入。其間兼任東京日日新聞社社長,竭力維護官僚政治。

1917 年,伊東巳代治任臨時外交調查委員會委員,主張單獨出兵西伯利亞。1927 年金融危機時,因若槻禮次郎內閣救濟台灣銀行,伊東巳代治發動倒閣。1930 年,攻擊政府批准《倫敦海軍裁軍條約》,認為是冒犯統帥權,始終反對協調外交,強烈主張侵略政策。

■床次竹二郎:建立政友本黨

床次竹二郎(1866-1935 年),政治家。鹿兒島人。1890 年畢業於帝國大學政治科,歷任德島、秋田知事,內務省地方局長兼樺太(庫頁島)廳長官、內務次官,及鐵道院總裁等職。

1914 年,床次竹二郎當選為眾議員,加入政友會。1918 年後,任原敬內閣、高橋內閣的內務大臣。1924 年建立政友本黨,任總裁。1927 年政友本黨與憲政會合併,成立立憲民政黨,任顧問;翌年床次竹二郎脫離該黨,組織新黨俱樂部,任總裁。1929 年,又加入政友會。1931 年任犬養內閣鐵道大臣,1934 年任岡田內閣遞信大臣。他因違反政友會規定,被開除出黨。

1.3 加藤高明：組成護憲三派內閣

1. 提倡「憲政常道」的憲政會總裁

加藤高明（1860-1926 年），實業家、外交家、政治家。生於尾張藩（在今愛知縣）武士家庭。原姓服部，過繼給加藤家。畢業於東京大學法科，留學英國，後任三菱總公司副經理，與三菱財閥岩崎彌太郎長女結婚。1888 年，加藤高明入外務省，先後出任駐英國公使和大使，並且連任四屆內閣的外務大臣。其間，積極推進日英同盟；1915 年在外務大臣任內，對中國提出「二十一條」要求。

1916 年，加藤高明組織憲政會，任總裁，提倡憲政常道，企圖打破元老政治。1924 年，憲政會、政友會、革新俱樂部結成護憲三派聯盟，發動第二次護憲運動。同年 6 月，加藤高明組成護憲三派內閣，出任總理大臣。護憲三派聯合破裂後，加藤高明於 1925 年組成憲政會內閣，開創日本政黨政治的先河。

2. 第一次加藤高明內閣

1924 年 6 月至 1925 年 7 月，即憲政會、政友會、革新俱樂部組成的護憲三派內閣。護憲三派認

為，原清浦內閣以貴族院為中心，是一個特權內閣，因而表示反對；至於三派內閣則是一個以議會多數為基礎的政黨內閣，自此以後，就進入政黨政治時代，在某種程度上實現了護憲運動的要求。

1925 年，日本公佈《普通選舉法》，恢復日蘇邦交，但與此同時，制訂了《治安維持法》。貴族院改革則僅變更議員人數，並未觸動其權限。雖然整頓了行政和財政，裁減陸軍四個師團，卻同時進行軍備現代化、學校實施軍訓。議會閉幕後，護憲三派的協調破裂，內閣總辭。

3. 第二次加藤高明內閣

1925 年 8 月至 1926 年 1 月。第一次加藤高明內閣倒台後，憲政會單獨組成內閣，並與政友本黨合作；但在 1926 年議會開幕後，總理大臣加藤高明患病，由內務大臣若槻禮次郎代行總理職務。加藤高明病逝後，內閣總辭職。若槻禮次郎任憲政會總裁並組織內閣，第二次加藤內閣全體成員留任。

加藤高明組織的憲政會，是大正時代至昭和初年的主要保守政黨。1927 年若槻內閣總辭職後，憲政會與政友會黨、新正俱樂部聯合組成新黨俱樂部，同年改稱立憲民政黨。

【人物群像】

■三浦梧樓：促成護憲三派內閣成立

三浦梧樓（1847-1926年），陸軍中將政界人物。號觀樹。長州（今山口縣）藩士家庭出身。1863年入奇兵隊，參加戊辰戰爭。明治初年任兵部權少丞，升權大丞；1877年參加西南戰爭，因功晉升中將。1884年，他隨陸軍卿大山巖到歐洲考察兵制。1886年任宮中顧問官，1888至1892年間擔任學習院院長，其間，於1890年被敕選為貴族院議員。

1895年，三浦梧樓任朝鮮公使，製造閔妃殺害事件，藉此擴大日本在朝鮮的勢力。1910年三浦梧樓任樞密顧問官。中國發生辛亥革命期間，干預中國政事。1924年，促成護憲三派內閣成立。

■加藤友三郎：連任四屆內閣海軍大臣

加藤友三郎（1861-1923年），海軍軍人、政治家。廣島人。畢業於海軍兵學校和海軍大學，中日甲午戰爭時任吉野艦炮長；日俄戰爭時，先後任第二、第一艦隊參謀長。1906年任海軍次官，1908年升中將，其後，歷任吳鎮守府司令長官、第一艦隊司令長官。

1915至1922年，加藤友三郎連任四屆內閣海軍大臣。1921年作為日本首席全權代表，參加華盛頓會議。1922年組閣，兼海軍大臣，實行裁減陸海軍，改革行政制度，及從西伯利亞撤兵；又與蘇聯代表越飛談判恢復貿易關係，處理山東問題等。死於任內，追贈元帥。

■濱口雄幸：民政黨總裁

濱口雄幸（1870-1931年），政治家。生於高知縣農家。原名水口雄幸，過繼濱口義立家為養子。帝國大學政治學科畢業後，歷任大藏省專賣局長官、遞信省次官、大藏省次官等職。1929年以立憲民政黨總裁身份組閣，當時世界性的經濟危機波及日本，濱口內閣實行緊縮財政、節減預算。因簽署《倫敦海軍裁軍條約》，被指侵犯統帥權，1930年11月濱口雄幸遭右翼分子槍擊受重傷，於次年去世。

1.4 日置益：向袁世凱提出「二十一條」

1. 大正外交官的生涯

日置益（1861-1926年），外交官。生於伊勢。1888年帝國大學法學部畢業，同年進入外務省，任駐美、駐俄等國使館人員；1900年任駐華使館一等參贊，曾代辦館務；作為八國聯軍的日本代表之一，參與訂立《辛丑條約》及強逼中國訂立新商約。1903年赴駐美使館任職，次年代表日本政府與清政府簽訂《中日通商續約》。1906年任駐德國大使館參事，1908年起任駐智利、秘魯、阿根廷公使。

1914 至 1918 年，日置益任駐華公使。他慫恿袁世凱稱帝；次年向袁氏提出「二十一條」要求，並與中國外長陸徵祥簽訂「二十一條」。1918 年，日置益任駐瑞典公使；1920 年，任駐德大使。1925 年以日本首席代表身份，參加中國關稅特別會議。

2.「二十一條」的內容

　　1915 年 1 月 18 日，擔任日本駐華公使的日置益當面向袁世凱提出「二十一條」要求，共有五號：

　　（一）承認日本繼承德國在山東的全部權益，並加以擴大；

　　（二）延長旅順、大連的租借期限及南滿、安奉兩鐵路的租借期限為九十九年，並承認日本在「南滿」及內蒙古東部的特權；

　　（三）漢冶萍公司改為中日合辦，附近礦山不准公司以外的人開採；

　　（四）中國沿海港灣、島嶼，不得租借或割讓給其他國家；

　　（五）中國政府須聘用日本人為政治、財政、軍事顧問，中國警政及兵工廠由中日合辦，日本在武昌與九江、南昌間及南昌與杭州、潮州間有修築鐵路權，在福建有投資鐵路和開礦的優先權。

袁世凱為了換取日本對他復辟帝制的支持，派外交總長陸徵祥、次長曹汝霖與日本代表日置益秘密談判。同年 5 月 7 日，日本提出最後通牒，限於四十八小時內答覆。5 月 9 日，袁世凱除對第五號條款聲明「容日後協商」外，其他條款都加以承認。由於中國人民堅決反對，激起全國反日運動，日本侵略中國的無理要求，因而未能實現。

【人物群像】

■青木周藏：首次收回治外法權

青木周藏（1844-1914 年），外交官。長州藩（今山口縣）藩士出身。早年留學德國，在柏林大學讀政治、法律。1874 年任駐德公使，後兼任奧地利、荷蘭公使。1886 年任外務次官，協助外相井上馨與列強談判修改條約事宜。1889 年，青木周藏出任山縣內閣的外相，致力於對等修約談判。1891 年因為俄國皇太子被襲擊的「大津事件」，引咎辭職。

1894 年，青木周藏任駐英公使，協助外相陸奧宗光成功簽訂《日英通商條約》，首次收回治外法權。1898 年任第二次山縣內閣外相，負責八國聯軍之役前後的日本外交。後任樞密顧問官。

■高平小五郎：兩度敕選為貴族院議員

高平小五郎（1854-1926 年），外交官。生於陸奧（今岩手縣）。本姓田崎，出嗣一關藩士高平真藤作養子。畢業於開成學校，1876 年入外務省任外交書記官。1892 年任荷蘭公使，1894 年任駐意大利公使。1899 年任外務次官，次年任駐美國公使，在《樸茨茅斯和約》談判中，是日方全權委員。1907 年任駐意大利大使，翌年任駐美國大使，與美國國務卿魯特（E. Root）簽訂《高平—魯特協定》，鼓勵日美兩國在太平洋地區自由發展商業，兩國維持現狀及在中國的工商業機會均等，並互相尊重對方的權益等。高平小五郎於 1912 年退職。

1906 至 1907 年間及 1917 至 1926 年間，高平小五郎曾兩度被敕選為貴族院議員。

■伊集院彥吉：執行日本外交政策

伊集院彥吉（1864-1924 年），外交官。出身鹿兒島藩士家庭。1890 年帝國大學法科大學畢業，歷任駐英、駐中領事。1908 年任駐中國公使，辛亥革命前後，執行日本政府的政策，支持清政府及袁世凱壓制南方革命勢力。

1916 年，伊集院彥吉任駐意大利大使。後於 1922 年任關東長官，1923 年任山本權兵衛內閣外務大臣。

1.5 宮崎滔天：支援中國革命的志士

1. 孫中山的忠誠追隨者

宮崎滔天（1871-1922），大陸浪人。本名寅藏，號白浪庵滔天。生於九州熊本縣的破落武士家庭，是熊本民權黨領導人宮崎八郎、土地問題研究先驅者宮崎民藏和大陸浪人宮崎彌藏之弟。

宮崎滔天少時接受自由民權思想熏陶，曾就學於德富蘇峰所創的大江義塾和大隈重信所辦的東京專門學校，青年時代經小崎弘道介紹，入美國教會學校並信奉基督教。又受其兄宮崎彌藏的影響，關注亞洲問題，有改革東亞國家狀況之志，認為必先在中國實行革命，然後再借中國力量，創造理想世界。

1897 年，宮崎滔天得犬養毅賞識，任外務省囑託，負責調查中國革命運動的情況。回國後，與當時在日本的孫文（中山）交往，並支援其革命活動；他又介紹孫文與頭山滿、內田良平接觸，1898 年參與組織東亞同文會。1905 年，宮崎滔天促成孫文與黃興合作，在東京成立中國革命同盟會；宮崎滔天為同盟會的日本全權委員，其住處即為同盟會機關誌《民報》的發行所。他曾協助阿奎那多（Emilio Aguinaldo）領

導的菲律賓獨立運動，並參加孫文的惠州起義，但事件都失敗。

宮崎滔天一度投身於桃中軒雲右衛門的門下，到處以「浪花節」的形式說唱自己的經歷。1906年創辦《革命評論》，與《民報》相呼應；其後奔走往來於中、日兩國之間，進行聯絡活動。1911年辛亥革命爆發後赴中國，大力支持孫文；次年9月刊行《滬上評論》，疏通中日邦交。日本政府對宮崎滔天曾施加壓力，但他支援中國革命之心始終如一。撰有《三十三年之夢》（中譯本又作《三十三年落花夢》），著作編為《宮崎滔天全集》五卷。

2.《三十三年之夢》

宮崎滔天著《三十三年之夢》，東京國光書局1902年刊行，撰寫目的在於鼓吹大亞細亞主義，「以關心亞局興衰籌保黃種生存者有取資焉」。其後該書一再翻譯重刊，1981年香港三聯書店出版了林啟彥的改譯本。內容總共有二十八章，是研究孫中山早年革命活動和近代中日關係史的重要資料。

宮崎滔天富於革新思想，同情並贊助中國民主革命，與孫中山、黃興等人結下深厚友誼。他加入興中會，長期在華南地區活動，曾經參加庚子漢口與惠州

起義。《三十三年之夢》屬自傳性質，記述作者的出身、學歷、信仰以及對明治政府的不滿。

　　書中所載，以戊戌政變後營救康有為、梁啟超和結識孫中山、參與策劃1900年惠州起義最為詳細；此外，亦記述了作者到中國大陸考察哥老會、三合會等秘密會社和成立興漢會等活動。孫中山為此書作序，將宮崎滔天比作當代虯髯公，認為他「具懷仁慕義之心，發拯危扶傾之志」，「欲共建不世之奇勳，襄成興亞之大業」。章太炎（炳麟）、劉光漢（師培）等亦曾為此書作序。舊譯本以黃中黃（章士釗）本影響較著。

【人物群像】

■內田良平：黑龍會首領

　　內田良平（1874-1937年），國家主義者、右翼活動家。生於福岡一個士族家庭，他父親是玄洋社幹部，他自幼受右翼思想的影響，提倡在日本領導下，達成亞洲興盛。甲午戰爭後，對三國干涉表示憤怒，於1901年結成黑龍會，發行《黑龍》雜誌，鼓吹大亞洲主義，聘請頭山滿做顧問，實行侵略中國和吞併朝鮮。黑龍會是承襲玄洋社傳統並與之相呼應的右翼團體，日本一些右翼

分子因俄、德、法三國干涉還遼而感憤慨，遂以黑龍江的「黑龍」二字作為社名。

1925 年，內田良平因暗殺首相加藤高明未遂，被捕入獄。1931 年，與頭山滿同創大日本生產黨，是一個右翼政黨，擔任總裁。

■頭山滿：自稱「天下浪人」

頭山滿（1855-1944 年），右翼巨頭。生於福岡縣，是福岡藩士筒井龜策第三子，過繼母方頭山家。1875 年，他因參加不滿政府的士族組織矯志社而被捕；西南戰爭後出獄，參加過愛國社要求成立國會的請願運動。1879 年與箱田六輔、平岡浩太郎等組織向陽社，1881 年又組成以平岡浩太郎為社長的玄洋社。玄洋社是國家主義運動的創始團體，以位於九州與朝鮮之間的「玄海」命名。

其後，頭山滿傾向國權論，提倡大亞細亞主義。他反對外務大臣井上馨和大隈重信進行的修訂條約談判。在第二次總選舉中，聲援內務大臣品川彌二郎的干涉選舉活動，引起流血事件。1900 年組成國民同盟會，1903 年改組為對俄同志會，主張對俄戰爭，藉此爭奪中國東北地區。

1901 年頭山滿成立黑龍會，是軍國主義團體。他曾與伊藤博文和桂太郎等總理大臣見面，要求採取對外強硬政策。其後推進強硬外交和侵華政策，主要在政界進行幕後活動，或隱匿恐怖主義分子。

作為右翼巨頭，他在政界、財界和軍界中都有影響力，與金玉均、孫中山、黃興、宋教仁、阿奎那多、拉

斯、比哈里、鮑斯等亞洲各國的政治流亡者有交往。但真正的民族主義者，很快就與他斷絕關係。頭山滿自稱為天下浪人，以豪傑自居，有不少極端言行。

■川島浪速：川島芳子的養父

川島浪速（1865-1949 年），日本浪人。長野縣松本市人。其父是松本藩士良顯。他學過漢語，在中日甲午戰爭時，及八國聯軍入侵北京期間，擔任日軍翻譯。1901 年在日本佔領區參與創建北京警務學堂，後任該學堂監督。長期居住北京，與滿清王族肅親王善耆交往甚密，收其第十四女為養女，取名川島芳子，並培養她後來成為日本間諜。1911 年辛亥革命爆發後，川島浪速與日軍陸軍參謀本部及關東軍人員合謀侵略中國東北，為促成「滿洲國」成立而奔走。

川島芳子（1908-1948），原名愛新覺羅‧顯玗，字東珍，亦稱川島東珍、金碧輝，1912 年過繼為川島浪速養女，翌年隨養母到日本，接受特務技能訓練。女扮男裝，活躍於日本軍政界。1927 年與蒙古巴布扎布的次子甘珠爾扎布結婚，翌年由東京到上海，與特務田中隆吉一起從事情報活動，並周旋於國民黨要人之間。抗日戰爭時，她與日本華北駐屯軍司令官多田駿往還；日本投降後，在北京被當時的中國政府逮捕和槍決。

第二章

憲法與社會

明治末年的日本社會出現了新的現象，即受薪階級等都市中間階層，及教師、醫生、律師、記者、學者等知識人士，各自形成社會勢力，逐漸抬頭。而自由主義與民主主義傾向，又在這新興勢力中生長，於是出現了兩種政見：一是天皇機關說，另一是普選論。

　　天皇機關說以東京帝國大學教授美濃部達吉為代表，認為主權不在天皇而在國家，根據憲法的規定，天皇是掌握國家統治權的最高機關。政府不僅向天皇負責，對議會甚至國民也要負責。

　　普選論的中心人物有自由主義者中村太八郎、社會主義者片山潛和少壯派議員日向輝武、松本君平。這些人組成普通選舉期成同盟會，展開男子普選權運動，於 1908 年正式向國會提出普選法案，1911 年經眾議院決議通過。

　　但貴族院全體一致加以否決，理由是「普選係以西洋式的天賦人權思想，即人權為人類原有的最高權利為基礎，不合由萬世一系的天皇所統治的日本國體」。當時日本政府認為普選運動是危險的思想，乃積極加以壓制，1911 年 5 月，普通選舉期成同盟會終於被逼解散。

　　大正初年有一個合法的勞工組織，就是 1912 年

基督教社會主義者鈴木文治等十五人成立的友愛會，鼓吹勞資調和，翌年會員增至一千三百餘人，1914至1915年發展為全國性組織，會員達六千五百人；到了1918年有分會一百二十所，會員增至三萬人。翌年改名為大日本勞動總同盟友愛會。

1917年俄國爆發革命，次年日本因米荒發生了騷動，刺激了日本社會各階層，帶給被統治階級以勇氣和希望。1919年後，勞工組織激增，勞資糾紛不斷發生，政府及資本家採取壓逼方針，勞工團體亦因此而改變其穩健態度，轉向激烈的社會鬥爭。友愛會分裂為兩派，1921年改稱日本勞動總同盟。

另一方面，明治維新後，隨着歐美文化的輸入，男女同權的呼聲也逐漸出現。然而，明治二十年代以後，國粹主義勃興亦影響於婦女界，於是洋裝束髮又被廢掉，而有復古的傾向。青年女作家樋口一葉以被不合理的社會所虐待的女性的身份，為女性申張不平。這類著作，日本人稱之為「女流文學」。

明治末年（1911年），有一班女子組織了青鞜社，發行《青鞜》雜誌，創刊詞中宣稱「原始時代，女性實是太陽，是真正的人。但是現在女性已變成月亮，依靠他人而生，依靠他物始能發出光亮，是像病人的蒼白的月亮」。青鞜意即青褐色的絲襪，是英國早期

城市職業女性喜愛的裝扮，成為婦女解放的象徵，青鞜社同人亦積極從事婦女解放運動。

大正時代，以往被視為賤業的女歌手或女伶，在社會上的地位大大提高，遂使舊觀念有所改變。1920年，出現了名為新婦人協會的女性運動組織團體，成員約有四百人，以女教師、女記者及職業婦女佔大多數。該會發行《女性同盟》月刊，每月印行二千冊，要求修改《治安警察法》第五條，該條的內容是禁止婦女參加政黨及政治活動。新婦人協會後來因為多次參加反政府運動，終被解散。此外，1921年又有赤瀾會的成立，是日本最早的社會主義婦女團體，領導者是山川菊榮、伊藤野枝等，有會員四十餘人。翌年因遭鎮壓而解散。

2.1 美濃部達吉：提出天皇機關說

1. 生平事略及其憲法學說

美濃部達吉（1873-1948 年），憲法學者、法學博士。兵庫縣人。東京帝國大學畢業，留學德國，潛心研究法制史比較。1902 至 1932 年任東京帝國大學教授，講授比較法制史、行政法、先發。1907 年入選學

士院委員。他提出天皇機關說，反對天皇主權說，他認為統治權是屬於國家的，天皇行使統治權不是個人私事，而是作為國家機關的公事，從而強調應該根據輔佐者的建議行事，這就把議會、內閣置於國家政治的中心。

1912 年，美濃部達吉通過同天皇主權論者穗積八束、上杉慎吉的爭論，使其學說為學術界所公認。1932 年成為貴族院議員。1935 年，在國體明徵運動中，他的學說遭到圍攻，並以「不敬罪」被起訴，《憲法撮要》等著作遭禁。同年辭去貴族院議員之職。

戰爭結束後，美濃部達吉任憲法調查委員會顧問，反對佔領軍強制立即修改憲法。著有憲法和行政法著作多種，除 1912 年出版的《憲法講話》外，有《憲法及憲法史研究》、《日本國法學》、《日本行政法》、《行政法撮要》等。

2. 天皇機關說的主旨

天皇機關說是與天皇主權說對立的憲法學說，1912 年美濃部達吉發表《憲政講話》，認為天皇是行使國家最高權力的機關，其權力的行使，須依據內閣的意見，內閣則須對議會負責，議會是直接以憲法為根據的國民代表機關。

1920 年代，天皇機關說得到公認，在憲法學界佔支配地位，並且成為大正民主運動及政黨政治的根據，但在 1930 年代中葉受到排斥，菊池武夫在貴族院彈劾天皇機關說，指有違國體，挑起「國體明徵」問題。眾議院江藤源九郎等人又指控美濃部達吉有「不敬罪」，以此為開端，軍部和右派團體發動攻擊天皇機關說的運動。第二次世界大戰後，天皇機關說始為天皇所承認。

3. 天皇機關說的由來和轉變

　　美濃部達吉深受德國學者耶里內克的影響，力圖對明治憲法作出立憲主義的合理解釋。他根據耶里內克的國家法人說，主張統治權屬於作為法人的國家，天皇為國家最高機關，行使統治權。

　　明治末期，一木喜德郎等學院憲法學多數派，用立憲觀點對憲法作出解釋。不過，在否定國民代表機關議會的作用，與君民同治說是一樣的。美濃部達吉雖然受到一木喜德郎影響，但自從他發表《憲法講話》後，天皇機關說發生了質的變化，轉而成為議會主義的憲法學說，天皇機關說就與美濃部達吉的名字聯繫在一起了。

4. 美濃部亮吉：美濃部達吉之子

美濃部亮吉（1904-1984 年），經濟學家、政治活動家。生於東京，是美濃部達吉的長子。1927 年畢業於東京帝國大學經濟學部，留校任助教、講師。赴德國留學，回國後任法政大學教授。1938 年因人民戰線事件被捕。

人民戰線事件是日本發動侵華戰爭後，為掃除障礙而鎮壓合法左派的事件。近衛內閣逮捕日本無產黨委員長加藤勘十等四百餘人，指他們宣傳鼓動建立「人民戰線」；次年又以勞農派教授集團與被捕者有密切聯繫為由，逮捕東京帝國大學教授大內兵衛、副教授有澤廣巳和法政大學教授美濃部亮吉等人，審判拖到 1944 年 9 月，始宣佈他們無罪。

1947 年，美濃部亮吉任內閣統計委員會事務局長。1949 至 1967 年，兼任東京教育大學教授。1967 至 1979 年，他連續三次當選為東京都知事。1979 年 3 月到北京，簽訂北京市與東京都結為友好城市議定書。1980 年當選參議員。著有《日本經濟圖說》、《任都知事十二年》等。

【人物群像】

■一木喜德郎：美濃部達吉的老師

一木喜德郎（1867-1944年），官吏、法學家。靜岡縣人。原為富農岡田家次子，出嗣一木家。1887年畢業於帝國大學政治學科，入內務省任職。後留學德國，1893年返日本，仍回內務省，並兼帝國大學教授。1901年起，講授行政法及憲法、國法學。1902至1906年，任桂內閣法制局長官。

1912年，一木喜德郎任第三次桂內閣法制局長官，1915年任第二次大隈內閣內務大臣；1917年起任樞密院顧問官，1924年任樞密院副議長。次年至1933年任宮內大臣，1934年任樞密院議長。他得到元老西園寺公望的支持，抑制副議長平沼騏一郎所代表的右翼勢力。天皇機關說問題發生後，因美濃部達吉原是他的學生，一木喜德郎首當其衝，於1936年辭職。

■穗積陳重：日本最早的法學博士

穗積陳重（1856-1926年），法學家。宇和島藩（今愛媛縣）藩士出身。1870年入大學南校、開成學校專修法律，1876年留學英國、德國。1880年出席柏林萬國國際法會議，次年回國任帝國大學法學部教授兼法學部長。1890年後歷任貴族院敕選議員、法典調查會主查委員、學士院會員和院長、樞密顧問官和樞密院議長、臨時法制審議會總裁等職。

穗積陳重研究德國法律，致力於法理學、比較法研究，主持制訂民法、戶籍法等，是日本法學界的先驅人

物。著有《法律進化論》、《法典論》、《隱居論》、《五人組制度論》、《法窗夜話》等。

穗積陳重之弟穗積八束（1860-1912）也是法學家，1883 年畢業於帝國大學，次年留學德國，1888 年回國後，任帝國大學教授，主講憲法二十餘年，並獲法學博士學位。他主張絕對君權，提倡禪權說和攻擊美濃部達吉的天皇機關說。1899 年後，穗積八束歷任貴族院敕選議員、宮中顧問官、帝室制度調查局成員、國定教科書調查委員等職。著有《憲法大意》、《憲法提要》等。

■上杉慎吉：主張天皇主權説

上杉慎吉（1878-1929 年），憲法學者。福井縣人。東京帝國大學法科畢業，留學德國。大正初年在東京帝國大學擔任憲法學講座，與德積八束共同對《大日本帝國憲法》進行絕對主義解釋，主張天皇主權說，與美濃部達吉的天皇機關說形成對立。

上杉慎吉是國家主義者，反對民主活動。1913 年集結了一批保守官僚和學者，組成桐花學會；1919 年在東京帝國大學內組織興國同志會，1924 年又組成七生社。1920 年代在校外組經論學盟、建國會等團體，成為大正中後期的右翼運動領袖和理論代表。著有《帝國憲法述義》、《國體憲法及憲政》、《國家論》、《憲法護本》等。

2.2 吉野作造：民本主義思想家

1. 生平事蹟及其理論主張

吉野作造（1878-1933 年），著名政治學者、法學博士。宮城縣人，商人家庭出身。1904 年東京帝國大學畢業，1906 年到中國當袁世凱的家庭教師，並兼任北洋法政專門學堂教官，深入研究中國問題。1909 年回國後，任東京帝國大學副教授；1910 至 1913 年留學歐美，回國後任東京帝國大學教授，開始撰寫時事政治評論，1914 年發表〈論民眾示威運動〉一文。

1916 年，吉野作造在《中央公論》發表了長達九十八頁的〈論憲政之本義及其貫徹之途徑〉，提倡民本主義，成為他的代表作。吉野作造認為天皇總攬政治權，民主主義不適用於日本；但天皇主權的運用應以民眾為本位，施政必須重視民眾的意向。又要求實行普選，加強議會、政黨的地位和作用，縮小貴族院、樞密院的權限，反對軍部凌駕於議會和內閣之上。1918 年底，組織黎明會，在學生和知識分子之間頗有影響力。

1919 年中國爆發五四運動後，他是日本國內少有的公開支持者之一，主張不干涉中國內政，對五四

運動寄予同情。1924 年，吉野作造入朝日新聞社，從事政治評論，但因筆禍退社。後來復任東大講師，創立明治文化研究會，研究明治時代的政治、思想和文化，編纂出版《明治文化全集》二十四卷。又致力組織東京帝國大學新人會、社會民眾黨。著作極豐，有《吉野作造博士民主主義論集》（八卷）、《吉野作造論集》、《吉野作造集》等。

2. 民本主義與民主主義的區別

吉野作造把民本主義和民主主義明確加以區分，他認為主權在民的民主主義，不適用於君主國日本，執政者須根據民眾的意志制定政策，因此稱之為民本主義。而實現民本主義的政治結構，是政黨內閣和普通選舉。這一理論承認天皇主權，不過，對於日俄戰爭後日本民眾的政治覺悟，以及推動反對軍閥官僚專制，都有積極影響。

吉野作造認為民本主義的內容，就是運用主權的實際方法；其政治的目的，在於增加民眾的福利，要根據一般民眾的意志來決定政策。具體的目標，是實現政黨內閣制和《普通選舉法》，即使缺乏主權論，仍不失為大正民主運動的指導理論。

3. 大眾運動的主導力量

1918 年底創立的黎明會，以吉野作造、福田德三為中心，是一個民主思想啟蒙團體，每月舉行一次演講會，由學者和思想家向民眾訴說其見解，在知識界影響很大。此時民主主義已逐漸超出言論活動的範圍，成為民眾運動的一股主導力量。

第一次世界大戰結束後，東亞地區於 1919 年爆發了兩個矛頭指向日本帝國主義的運動：其一，是 3 月 1 日朝鮮的三一運動；其二，是 5 月 4 日中國的五四運動。吉野作造在《中央公論》發表了〈不要漫罵北京學生團的行動〉一文，作為其社論，認為五四運動與大正民主主義運動並非針對日本國民，而是指向日本當局；中日兩國人民在軍閥官僚的支配下爭取解放，可以說是兩國親善關係的開始。

4. 新人會和黎明會

新人會是以東京帝國大學學生為主的思想團體。1918 年，吉野作造藉着浪人會參加演說會的機會，舉起加入合理改造現代日本運動的旗幟，結成新人會。1920 年，該會的組織擴及秋田、金澤、廣島、熊本等地，廣泛地開展演講會和研究會等活動，發行機關刊物《民主》，後改名《先驅》、《同胞》、《民眾》。

新人會並且與工人運動有聯繫，渡邊政之輔組織新人塞爾洛德工會；社會主義運動陷入低潮後，新人會以學生團體面目出現，對各校的學生團體起了領導作用，並於學生社會科學聯合會中居主導地位。1928年因受三・一五事件鎮壓日本共產黨的影響，新人會被東京帝國大學當局宣佈為非法團體，翌年解散。

至於黎明會，是大正時期的思想團體之一，初時有二十三個會員，包括今井嘉幸、新渡戶稻造、大山郁夫等，旨在推廣民主運動。黎明會舉辦的演講會，很受歡迎；演講稿並結集出版，一時頗有影響。然因社會主義思潮漸興，該會內部矛盾迭起，意見無法一致，於 1920 年解散。

【人物群像】

■福田德三：參與組織黎明會

福田德三（1874-1930 年），經濟學家。在東京高等商校學習，留學德國，其後擔任母校和慶應大學教授。他受到德國古典學派及馬克思經濟學的影響，在日本建立經濟理論、經濟史、社會政策等門類，並介紹《資本

論》，是日本經濟學的開拓者。著有《經濟學考證》、《日本經濟史論》。

作為自由主義者，1918 年福田德三與吉野作造等發起成立黎明會，編輯激進刊物《解放》，是大正民主主義運動的理論指導者。

■桑木嚴翼：倡導文化主義

桑木嚴翼（1874-1946 年），哲學家。東京帝國大學畢業，留學德國、法國、英國。歷任京都帝國大學、東京帝國大學教授。他為介紹西方哲學作出了貢獻，並倡導文化主義，與吉野作造等一同參與大正民主主義運動。學士院會員。著有《哲學概論》、《康德與現代哲學》及譯作多種。

■安部磯雄：社會活動家

安部磯雄（1865-1949 年），社會活動家。福岡縣人。同志社畢業，留學美國神學校，深受美國基督教社會主義影響。回國後加入同志社，並任早稻田大學教授。1898 年加入社會主義研究會，1901 年，他與幸德秋水等人成立社會民主黨，並起草宣言書，宣稱「人種無差別，人類皆同胞」，強調「為迎來萬國的和平，首先廢除一切軍備」。日俄戰爭時，安部磯雄堅持反戰立場。1905 年，與石川三四郎等人創辦《新紀元》。1910 年大逆事件發生後，一度退出社會活動。

大正民主主義運動興起之際，安部磯雄又再活躍於政界，擔任費邊協會會長，及社會民眾黨委員長等職。曾經當選議員。1932 年任社會大眾黨中央執行委員長，

成為無產政黨右派的領導者。戰後擔任日本社會黨顧問。著有《土地同有論》、《社會問題概論》等。

■大山郁夫：籌建無產政黨

大山郁夫（1880-1955 年），政治學者、社會活動家。原姓福本，兵庫縣人。神戶大山家養子。1906 年畢業於早稻田大學經濟科，1910 年到美國研究政治學和社會學，後來又到德國研究國家學和國法學，1914 年回國後任早稻田大學講師、教授，積極參加民主運動。

1917 年，大山郁夫因早大騷動事件辭去教職，到《大阪朝日新聞》社擔任社論委員，次年因該社報導米騷動事件，引起筆禍而辭職。他與吉野作造等組成黎明會，又與河上肇、長谷川如是閑等創辦《我等》雜誌。1920 年再任早大教授，從民主主義運動先驅逐漸接近社會主義。

1924 年，大山郁夫為籌建無產政黨，與鈴木茂三郎、安部磯雄等組成政治研究會。1926 年勞動農民黨成立，大山郁夫任中央執行委員長。1928 年該黨解散後，於次年組成新勞農黨，大山郁夫擔任委員長。1930 年當選為眾議員，1932 年為避逼害，偕同夫人到美國，任西北大學客座研究員，從事學術研究。

戰後，大山郁夫於 1947 年回國，繼續擔任早大教授，同時致力於推進社會政治改革及保衛和平運動。1950 年擔任世界和平理事會理事、日本保衛世界和平委員會委員長，同年被選為參議院議員。1951 年獲斯大林國際和平獎金。著《現代日本的政治發展過程》等，有《大山郁夫全集》五卷。

2.3 新渡戶稻造：著《武士道》的教育家

1. 農學校出身的基督徒

新渡戶稻造（1862-1933年），思想家、教育家。生於盛岡藩（今岩手縣）的武士家庭。札幌農學校畢業，受基督教洗禮。在東京大學中途退學，赴美國留學，在約翰·霍普金斯大學深造，取得博士學位。後又赴德國，學習農學和經濟學。1891年回國後，任札幌農學校教授；擔任台灣總督府技師，從事製糖業的改良；歷任京都帝國大學教授、第一高等學校校長、東京帝國大學教授，及東京女子大學首任校長等職。1920至1926年，新渡戶稻造任國際聯盟書記局事務次長。回國後，任貴族院議員和太平洋問題調查會理事。後來客死於加拿大。

新渡戶稻造的基督教和平思想及自由主義思想，對當時的日本有一定影響。他用英文撰寫《武士道》，向西方介紹日本的武士道和傳統精神，該書有多國譯本，包括中文。其他著作，有《農業本論》、《修養》、《自警錄》、《偉大群像》等。

2. 向外國人介紹武士道

武士道是日本武士尊奉的封建道德，隨着武家社會的形成而產生，其初以忠義、勇武為準則，鎌倉幕府成立後，成為維護幕府統治的倫理道德，在德川時代且用儒家思想使其理論化。武士道以絕對忠於主君為核心，內容包括勇武、廉恥、剛健、清廉和樸素。明治維新以後，武士階級被廢除，武士道精神仍在學校和軍隊中灌輸，有很大的影響力。

《武士道》（*Bushido*）一書，是 1899 年新渡戶稻造在美國賓夕法尼亞州養病時寫成的，當中引用了很多西方歷史和文學典故作出比較，方便外國讀者對武士道有較多理解。新渡戶稻造在此書的〈第一版序〉中說：「它的內容主要是我在少年時代，當封建制度還盛行時所受到的教誨和所聽說的事情。」此書出版後六年，於 1905 年印行增訂第十版。

最初進行日譯的，是新渡戶稻造的朋友櫻井鷗村；其後由他的學生矢內原忠雄重譯，張俊彥據此譯成中文（北京商務印書館 1993 年出版）。全書分為十七章，首兩章是〈作為道德體系的武士道〉和〈武士道的淵源〉，第三至九章分述義、勇、仁、禮、誠、名譽、忠義，第十章是〈武士的教育和訓練〉，第十一至十七章依次為〈克己〉、〈自殺及復仇的制度〉、

〈刀—武士之魂〉、〈婦女的教育及其地位〉、〈武士道的薰陶〉、〈武士道還活著嗎？〉和〈武士道的將來〉。

開宗明義，新渡戶稻造強調「武士道，如同它的象徵櫻花一樣，是日本土地上固有的花朵。它並不是保存在我國歷史的植物標本集裏面的已乾枯了古代美德的標本。它現在仍然是我們中間的力量與美的活生生的對象」。結語認為：「武士道作為一個獨立的倫理的訓條也許會消失，但是它的威力大概不會從人間消亡。」張俊彥在《武士道》一書的〈譯者前言〉中指出：「其中有些觀點不免有過時之感，同時，由於作者本人的立場所限，有些觀點也很值得商榷。」無論如何，此書仍是現時認識武士道的重要著作。

1948 年，矢內原忠雄發表〈內村鑑三與新渡戶稻造〉一文。《新渡戶稻造全集》十六卷，1969 至 1970年出版。1984 年起發行的五百元日幣，印有新渡戶稻造的肖像。

【人物群像】

■海老名彈正：提倡日本式基督教

海老名彈正（1856-1937 年），基督教牧師。筑後柳川藩士出身。1872 年就讀於熊本洋學校，1876 年接受洗禮；同年進入同志社英學校，師從新島襄。畢業後，在各地傳教。

1890 年，海老名彈正任日本傳道會社社長。他提倡與神道融合的日本式基督教，以善辯聞名。主編《新人》雜誌，與正統派展開論戰。1920 年任同志社大學校長，實施男女共校制。同志社大學的前身是新島襄等在京都創立的同志社英學校，1888 年改稱同志社學院，1912 年成為同志社大學。該校培養出德富蘇峰、海老名彈正、浮田和民、安部磯雄等著名人物。

■柏木義圓：宗教與教育論爭

柏木義圓（1860-1938 年），基督教牧師。新潟縣人。1878 年東京師範學校畢業，1884 年任小學校長時，接受洗禮，成為基督教徒。

1889 年，柏木義圓畢業於同志社普通學校；1897 年任牧師。編輯《同志社文學》、《上毛教會日報》，曾與哲學家井上哲次郎就教育與宗教的矛盾進行論爭。1897 年繼海老名彈正之後，任群馬縣安中教會牧師。他因反戰和批判軍部，受到迫害。有《柏木義圓集》四卷。

■山室軍平：日本救世軍創始人

山室軍平（1872-1940 年），岡山縣人。基督教徒。1888 年入同志社神學校，1895 年後致力創建救世軍。主張保護兒童、救濟婦女、廢除公娼，以及對貧困者優惠醫療等，在基督教社會事業方面有很大貢獻。

山室軍平並以平民使者、救世軍中將身份，聞名於世。著作甚多，包括《平民之福音》、《使徒的宗教》、《基督教與日本人》等，有《山室軍平全集》。

■鈴木文治：創立友愛會

鈴木文治（1885-1946 年），新聞記者、工會運動活動家。1909 年東京帝國大學畢業。1911 年任基督教弘道會幹事，從事社會改良事業。1912 年創立友愛會，鼓吹勞資合作。

友愛會是日本早期的工人團體，初創時僅十五人，具有濃厚的工人互助團體色彩。至 1914 年，已在全國主要工業城市建立支部；1918 年，逐漸向工會組織轉化，支部達到一百二十個，會員有三萬人。因內部左翼勢力增強，原來的勞資合作方針也有所改變。1919 年 8 月，改名大日本勞動總同盟友愛會，成為全國工會聯合組織。1921 年，改稱日本勞動總同盟。

第一次世界大戰結束後，鈴木文治任日本勞動總同盟會長、社會民眾黨中央執行委員，並多次出席國際工會會議。1928 年起，三次當選為眾議院議員。第二次世界大戰結束後，參加建立社會黨。著有《日本的勞動問題》（1919）、《勞動運動二十年》（1931）等。

2.4 片山潛：創建日共的工人運動家

1. 工人運動的早期領導人

片山潛（1859-1933 年），政治家、社會主義者。號深甫。生於岡山縣。曾在東京當印刷工，邊工作邊學習。1884 年赴美，就學於耶魯大學。1896 年回國，翌年在貧民救濟社從事基督教社會事業，進行工人教育。參加創建工會期成會，擔任機關刊物《勞動世界》主編，領導和組織鐵工工會等許多工會。1901 年與幸德秋水等建立社會民主黨，但立遭禁止。

日俄戰爭時，片山潛作為日本代表，出席 1904 年 8 月第二國際阿姆斯特丹大會，與俄國代表普列漢諾夫握手，呼籲反對戰爭。他參加 1906 年成立的日本社會黨，採取改良主義立場，與幸德秋水等的直接行動論相對立。1910 年大逆事件後，片山潛領導東京市電爭議等鬥爭。1914 年赴美，在俄國革命影響下，成為共產主義者，參與創建美國、墨西哥、加拿大等國的共產黨。1921 年去莫斯科，積極參加次年召開的遠東民族大會的籌備工作，對日本共產黨的成立，也起了很大作用。

2. 日共創始人和領導人之一

1922 年，片山潛領導創建日本共產黨。1927 年，任第一屆國際反帝同盟執行委員，並且成為國際紅色救援會領導人之一，積極支持亞洲各國人民的革命運動。

1931 年九一八事變發生後，片山潛反對日本侵華，支持中國人民抗戰。1933 年 11 月，在莫斯科病逝，安葬於莫斯科克里姆林宮紅場墓園。著有《我社會主義》、《片山潛自傳》、《日本的勞動運動》等，其後有《片山潛著作集》三卷。

【人物群像】

■大杉榮：無政府主義者

大杉榮（1885-1923 年），社會活動家。香川縣人，軍人家庭出身。1901 至 1906 年間，先後在陸軍幼年學校和東京外語學校法語科學習；在學時參加平民社活動，受幸德秋水影響，成為無政府主義者。他因受赤旗事件等一系列事變牽連，被起訴五次，入獄三年多，1910 年出獄後加入賣文社。

1912 年，大杉榮和荒畑寒村創辦《近代思想》，宣

傳無政府主義。1914 年出版《平民新聞》月刊，在「嚴冬時代」高舉社會主義旗幟。1918 年後，他深入工人當中，組織直接行動，對大正中期的工人運動產生了重大影響。1920 年成為日本社會主義同盟發起人之一，曾參加共產國際主辦的遠東社會主義者會議。從 1921 年開始，就工人運動領導權和組織形式問題，與堺利彥、山川均等展開激烈爭論，1922 年分裂為兩派。次年，大杉榮被憲兵大尉甘粕正彥殺害。在 1910 年代中期，大杉榮出版了《生之鬥爭》和《社會的個人主義》兩本論文集。

■西川光二郎：社會主義者

西川光二郎（1876-1940 年），社會活動家。號白熊。兵庫縣人。札幌農學校肄業，中學時代信奉基督教；東京專門學校畢業，在校時開始關心社會問題，與片山潛等出版《勞動世界》雜誌。1901 年西川光二郎發起成立社會民主黨，1903 年參加平民社，出版《平民新聞》周刊，主張社會主義和非戰論。1906 年，他與山口義三同創《光》半月刊，參加創建日本社會黨，在直接行動論和議會政策論的對立中，屬片山潛等的社會主義同志會。

1907 年，西川光二郎出版《社會新聞》。翌年與片山潛分離，創辦《東京社會新聞》，並開始靠近直接行動派。因抵制東京市營電車提高票價，在工人鬥爭事件中，以「聚集兇徒罪」被捕入獄，其思想於獄中開始轉向。晚年作為精神修養家，擔任孔子學會會長，專心著述和演講。著有《心懷語》。他的妻子西川文子，是婦女運動家。

■山川均：「到群眾中去」

山川均（1880-1958 年），社會主義理論家。岡山縣人。同志社大學肄業。1906 年加入日本社會黨，次年支持直接行動論，後因「赤旗事件」第四次入獄，1910 年因大逆事件而返回家鄉。

1916 年，山川均到東京，入賣文社。他嚴厲批評民本主義者，成為社會主義運動的活躍中心人物。1922 年籌組日本共產黨，發表〈無產階級運動的方向轉變〉一文，提出「到群眾中去」的口號，主張與群眾相結合，山川主義成為當時運動的指導理論。

1923 年，山川均主張解散黨組織。1926 年，讓位於福本主義。福本主義的倡導者是福本和夫，其中心內容是「分離結合論」，首先通過理論鬥爭使無產階級在思想上、理論上與其他階級分離，再經鬥爭使具有相同思想理論的人結合起來形成先鋒黨。福本主義因導致群眾運動分裂，不久受到二七年綱領的批判而被放棄。

1928 年後山川均脫離共產黨，成為勞農派的核心理論家。1937 年，因人民戰線事件被捕。戰後，山川均於1946 年提倡組織民主人民戰線，撰寫了不少文章，一直是日本社會黨左派的理論指導者。

■高畠素之：《資本論》最早的日譯者

高畠素之（1886-1928 年），社會思想家。群馬縣人。同志社大學肄業，1908 年發行《東北評論》，宣傳社會主義思想，因而被捕，在獄中讀《資本論》。出獄後加入賣文社，介紹和宣傳馬克思主義。賣文社是堺利彥創立的文筆團體，初以謀生為目的，為報刊寫稿、翻譯和

製作廣告等;大逆事件後,集結了一批社會主義者,包括大杉榮、荒畑寒村、高畠素之、山川均等。1914 年 1 月,創辦《絲瓜之花》;翌年 9 月,改為《新社會》。1919 年,堺利彥與高畠素之思想對立,因而解散。高畠素之旋即再辦賣文社,並創刊《國家社會主義》。

高畠素之又創辦《大眾運動》、《急進》等報刊,對日本的國家社會主義運動有很大影響。1920 至 1924 年間,他翻譯的《資本論》出版,介紹馬克思主義學說,頗受注意。1928 年,高畠素之為實現其國家社會主義主張,與平野力三、宇垣一成等人接近,擬組織急進愛國黨,未及實現而去世。

■荒畑寒村:勞農派的核心人物

荒畑寒村(1887-1981 年),社會主義活動家。原名勝三。生於橫濱市。他做過外國商館的傭人和造船工,邊工作邊自修。受《萬朝報》幸德秋水、堺利彥等的文章影響,關心社會主義。

1904 年組織橫濱平民社,加入社會主義協會。日俄戰爭時,用傳教、經商的方式進行宣傳活動。戰後在幸德秋水影響下,接受無政府工團主義。1908 年,因赤旗事件入獄。

1912 年,荒畑寒村與大杉榮共同創辦《近代思想》雜誌。1920 年參加社會主義同盟,逐漸轉向布爾什維主義。1922 年參加創立日本共產黨,1924 年反對解散黨組織,努力進行黨的再建工作。因反對福本主義而退黨。1927 年與山川均創辦《勞農》,成為勞農派的核心人物。

1937 年荒畑寒村因人民戰線事件被捕下獄。1945 年
戰爭結束後，參加組織日本社會黨，翌年被選為議員。
1948 年因反對蘆田內閣，退出社會黨，專事著述，有
《荒畑寒村著作集》。

2.5 河上肇：馬克思主義經濟學家

1.「千山萬水樓主人」的生平

　　河上肇（1879-1946 年），生於山口縣士族家庭。
1902 年東京帝國大學畢業後，從事教育工作。1905 年
以「千山萬水樓主人」的筆名，在《讀賣新聞》連載
《社會主義評論》，引起了強烈反響。

　　1908 年起，河上肇任教於京都帝國大學，1913 年
留學歐洲，1915 年升為教授，講授經濟學和經濟學
史。1916 年下半年，他在《大阪每日新聞》上發表〈貧
乏物語〉一文，探討貧窮問題，又抨擊第一次世界大
戰。其後出版單行本，影響很大。

　　1919 年起，河上肇刊行《社會問題研究》，宣
傳馬克思主義，並與福田德三、小泉信三等人展開論
戰。1928 年被逼辭去教授之職，從此積極投入社會活

動。次年，他與大山郁夫等人重建勞農黨；1932 年加入日本共產黨，參加《赤旗》編輯工作，其後被捕，於 1933 年判處五年勞役。1937 年出獄後，號稱「閑戶閑人」，潛心撰寫自傳。他又與人合譯《資本論》。著作還有《唯物史觀研究》、《經濟學大綱》、《資本論入門》等，其中多種被譯成中文。《河上肇著作集》十二卷，1964 至 1965 年出版。

2.《貧乏物語》和《第二貧乏物語》

河上肇的《貧乏物語》認為最大的社會問題，是資本主義特有的「貧困」，他試圖找出消弭貧困的方法，主要的答案是「廢止富人奢侈」的「人心之改造」。後來，河上肇刪去有關「貧困根治策」的部分，1930 年發表《第二貧乏物語》，解決貧困的方法，從「人心之改造」轉變為「社會之改造」。

大正民主主義運動未能解決的經濟理論，《貧乏物語》和《第二貧乏物語》積極地提供了見解，前者不能越出人道主義的立場，後者則傾向唯物史觀。人心和社會的改造，多少反映了河上肇在改善現實社會問題上所作出的努力。

【人物群像】

■德田球一：日共領導人

德田球一（1894-1953 年），政治運動家。取名「球一」，是表達要成為「琉球第一人物」的願望。沖繩縣人。畢業於日本大學專門部法科，任律師。

1920 年，德田球一加入日本社會主義同盟。1922 年，他作為水曜會的代表，出席遠東民族大會，參加創建日本共產黨，任中央委員。1925 至 1926 年間，為重建日本共產黨而奔波。1927 年，參加制定二七年綱領。次年在三・一五事件中被捕，入獄十八年。

1945 年 10 月，德田球一出獄後，與志賀義雄、野坂參三等人重建日共，並任書記長。次年當選為參議院議員。1950 年，德田球一因佔領軍鎮壓而轉入地下活動，後來流亡中國，在北京病逝。主要著作有《獄中十八年》等。

■市川正一：日共初期領導人

市川正一（1892-1945 年），山口縣人。畢業於早稻田大學，1921 年加入曉民會、水曜會；1923 年加入日本共產黨，先後擔任《無產者新聞》和《赤旗》編輯。1926 年日本共產黨重建後，任中央委員，次年任臨時中央委員長、常務委員，1928 年出席共產國際第六次大會。市川正一回國後重建日共臨時指導部，領導反對干涉中國革命運動。

1929 年，市川正一在四・一六事件中被捕，在法

庭上，慷慨陳述日本共產黨鬥爭史。1935 年，在共產國際第七次大會上，他被缺席選舉為執行委員。1945 年 3 月，在獄中病逝。主要著作有《日本共產黨鬥爭小史》等。

■野呂榮太郎：「講座派」的主帥

野呂榮太郎（1900-1934 年），馬克思主義經濟學家。日本共產黨初期領導人。北海道人。慶應大學畢業，在學期間組織三田社會科學研究會，參加產業勞動調查所工作，並為工人講解《資本論》。1927 年發表《日本資本主義發達史》，在日本開馬克思主義經濟史研究的先河。

1931 至 1932 年間，野呂榮太郎主持編輯《日本資本主義發達史講座》，作為講座派主帥，與勞農派展開論戰。他同時加入日本共產黨，致力重建日共中央，1933 年中任中央委員長，同年年底被捕。1934 年初，在東京品川警察署被拷打致死。

講座派認為明治維新帶來的天皇制，是絕對主義體制，把資產階級革命作為日本當前面對的問題，該派擁護日本共產黨綱領，而勞農派則是反對日本共產黨綱領的學派，兩派圍繞日本資本主義性質等問題展開論爭，但很快就遭到鎮壓。

2.6 平塚雷鳥：畢生從事婦女運動

1.「元始女性是太陽」

平塚雷鳥（1886-1971 年），著名的婦女運動活動家、婦女問題評論家。本名明子，其父是會計檢查院高官平塚定二郎。1906 年，平塚雷鳥畢業於日本女子大學。1911 年 9 月，以她為中心創辦了青鞜社，是一個婦女文藝團體，並編輯出版《青鞜》雜誌，發表〈元始女性是太陽〉一文，在社會上一度引起強烈反響。

青鞜社的參加者，還有中野初子、保持研子、木內錠子、物集和子等。該團體初創時，女性文藝運動的色彩較濃，其後《青鞜》逐漸發展成為婦女問題的啟蒙刊物。1913 年，平塚雷鳥與西畫家奧村博史結婚，戶籍改姓奧村。這時她積極倡導打破舊有的道德觀念、習慣和法律，實行婦女解放。《青鞜》雜誌改由伊藤野枝負責編輯，後因經費困難，於 1916 年 2 月停刊，總共出版了五十二期。在日本婦女要求解放的歷史上，青鞜社寫下了光輝的一頁。

2. 組織新婦人協會

在 1918 年開展保護女性的論爭中，平塚雷鳥以婦

女問題評論家的姿態活躍於社會。1920 年 3 月，以平塚雷鳥、市川房枝為中心，創立新婦人協會，主張提高婦女能力、男女平等、維護母權和婦女參政等。

新婦人協會在東京、大阪、名古屋、廣島、奈良等地設有支部，主要開展的活動有二：其一是要求修改禁止婦女參加政治活動的《治安警察法》第五條，進行請願運動；其二，是制定禁止花柳病男性結婚法運動。《女性同盟》是新婦人協會出版的機關刊物。1922 年，該會因內部分裂和財政困難宣告解散。

第二次世界大戰結束後，平塚雷鳥一貫熱心從事和平運動。1953 年任日本婦女團體聯合會首任會長，1962 年任新日本婦女會代表委員，對日本婦女運動的統一和發展，起了很大的作用。有《平塚雷鳥自傳》。

表三　大正時期的婦女團體

成立年份	團體名稱	活動說明
1911	青鞜社	平塚雷鳥創立，文學團體，創辦《青鞜》（翌年停刊）。
1920	新婦人協會	平塚雷鳥、市川房枝創立，旨在提高婦女的政治地位，1922 年解散。
1924	婦人參政權獲得期成同盟會	市川房枝等創立，以爭取女性獲得選舉權為目標，但 1925 年只實現男子普選。

成立年份	團體名稱	活動說明
1925	婦選獲得同盟（由婦人參政權獲得期成同盟會改稱）	最盛時有會員一千五百人，創刊《婦選》（後改稱《女性展望》），1940 年解散，為大政翼贊會吸納。

【人物群像】

■福田英子：婦女運動先驅

福田英子（1865-1927 年），社會運動家。原名景山英子。岡山藩下級武士之女，與岸田俊子等積極參加自由民權運動。1885 年因大井憲太郎策動的大阪事件被捕，出獄後與大井憲太郎結為夫婦。後離婚，與同人社教師福田友作結婚。

1907 年，福田英子創辦《世界婦女》雜誌，宣傳婦女解放。她著有自傳《我之半生》，及《婦女問題之解決》等。有「日本聖女貞德」之稱。

■山川菊榮：社會主義婦女運動領導人

山川菊榮（1890-1980 年），社會運動家。水戶人，原姓青山。1916 年與山川均結婚。1921 年，她與堺真柄、伊藤野枝等創建日本最初的社會主義婦女團體赤瀾會，積極從事婦女解放運動。赤瀾會有會員四十餘人，其宗旨是向造成婦女窮困、無知和屈從的一切壓逼宣

戰，多次舉行宣傳男女平等、同工同酬、社會主義的演講會，1922年遭到鎮壓而解散。

第二次世界大戰結束後，山川菊榮加入日本社會黨。1947至1951年，任勞動省婦女少年局局長。其後出版《婦女之聲》雜誌，建立社會黨系統的婦女問題懇話會。主要著作有《現代生活與婦女》、《幕末的水戶藩》等，合為《山川菊榮集》十一冊。

■市川房枝：婦女運動領導人

市川房枝（1893-1981年），著名婦女活動家、政治家。愛知縣人。1913年畢業於愛知縣女子師範學校，曾任小學教員，1916年為《名古屋新聞》記者。1919年任大日本勞動總同盟友愛會婦女部常任委員，編輯《友愛婦人》；同年與平塚雷鳥組織新婦人協會，任理事。

1921年，市川房枝赴美國研究婦女勞動問題；1924年回國後，創立政治研究會，組成婦人獲得選舉權期成同盟，並任國際勞工協會婦女委員會幹事。1928年，出席太平洋婦女會議。直至1940年婦人獲得選舉期成同盟遭解散為止，她一直致力於爭取婦女獲得選舉權的社會活動。

1945年，市川房枝成立新日本婦女同盟，任會長，該組織後來改稱日本婦女有權者同盟。她曾一度被剝奪擔任公職資格，1950年復任會長，並擔任婦女問題研究所所長。1953年後，五次當選參議員。1962年創辦婦女會館。著有《我的婦女運動》等。

第三章

文學與評論

踏入大正時期，近代日本文學達到成熟的階段，自然主義文學有進一步的發展，且因反自然主義的崛起而出現爭妍鬥麗的盛況。教育水平的提高和出版事業的興起，使文學更普及於民間。明治時期的「既成作家」仍然從事寫作活動，夏目漱石、森鷗外等大作家都備受注重；標榜耽美和享樂的永井荷風、谷崎潤一郎，也是時代的寵兒。

而最具這個時代特色的，是揭起尊重自我、相信人格的白樺派諸人，包括武者小路實篤、志賀直哉、有島武郎，他們可說是大正市民文學的代表。接着，新思潮派的芥川龍之介、菊池寬並且開拓了新的文學境地。

大正日本在第一次世界大戰期間，一度推進了經濟繁榮，但也有動盪的一面，如米騷動、勞工爭議等，在 1917 年俄國十月革命的刺激下，社會運動迅速發展起來。1923 年的關東大地震，宣告了大正文學的結束；此後的日本文壇，主要表現為無產階級文學與新感覺派的對峙。大眾運動在 1925 年爭取到《普通選舉法》（指修改後的《眾議院議員選舉法》，據此廢除選舉人的納稅資格限制，但婦女、接受救濟的貧困者和無住居者仍沒有選舉權），得以一嘗其宿願；同時制訂的《治安維持法》，卻是用來壓抑反體制運動的

法令根據。在軍國主義色彩趨於濃烈的情況下，文學方面受到的障礙是十分巨大的。

表四　大正時期的作家及其作品

流派	作家	主要作品
反自然主義	森鷗外	《阿部一族》、《花椒大夫》
	夏目漱石	《心》、《路邊草》、《明暗》
唯美主義	永井荷風	《短齒木履》、《爭風吃醋》
	谷崎潤一郎	《阿艷之死》、《魔術師》、《正因為愛》
自然主義	島崎藤川	《櫻桃成熟時》、《新生》
	葛西善藏	《帶着孩子》、《無能力者》
	廣津和郎	《神經病時代》
	宇野浩二	《痛苦的世界》、《戀山》
白樺派（人道主義、理想主義）	武者小路實篤	《幸福者》、《友情》、《人間萬歲》
	長與善郎	《項羽和劉邦》、《竹澤先生》
	志賀直哉	《和解》、《暗夜行路》
	里見弴	《多情佛心》、《大道無門》
	有島武郎	《一個女人》、《該隱的末裔》
新思潮派（新現實主義）	芥川龍之介	《羅生門》、《鼻》、《地獄變》
	菊池寬	《恩仇之外》、《真珠夫人》

流派	作家	主要作品
無產階級文學	葉山嘉樹	《生活在海上的人們》
	小林多喜二	《蟹工船》、《不在地主》、《黨生活者》
	德永直	《沒有太陽的街》
新感覺派（新感覺主義）	橫光利一	《日輪》
	川端康成	《伊豆舞孃》
	片岡鐵兵	《幽靈船》、《網上的少女》
大眾文學	中里介山	《大菩薩山巔》
	白井喬二	《站在富士山上的形影》
	直木三十五	《南國太平記》
	大佛次郎	《鞍馬天狗》
	吉川英治	《宮本武藏》
兒童文學	鈴木三重吉	《桑實》、《湖水姑娘》

3.1 幸田露伴：理想派小說家

1. 與尾崎紅葉締造出紅露時代

幸田露伴（1867-1947 年），著名小說家。原名成行，別號蝸牛庵。生於江戶，父親是紙店老闆。他畢業於遞信省電報修理技術學校，曾在北海道任技術

員。不久返回東京，從事文學創作。1889 年發表《露團團》和《風流佛》，確立了他在文壇上的地位。其後發表《一口劍》和《五重塔》等作品，顯示出以東方思想為基礎的個人獨特風格，批評了當時對西方事物一邊倒的風潮，引起知識階層的反省和共鳴。他與擅長描寫女性的尾崎紅葉並稱大家，二人都在擬古典主義之列。相對於寫實派的尾崎紅葉，幸田露伴被稱為理想派，日本文學史上，特稱這時期為「紅露時代」。

大正年間，幸田露伴著有歷史小說《命運》（1919年）和《平將門》（1925 年）等。晚年研究中國、日本等國的歷史和文學，他的隨筆、史傳、考證等文章都廣受好評。在芭蕉俳句的研究方面，也獲得不少成果。1937 年獲日本第一屆文化勳章。有《露伴全集》四十一卷，1949 至 1958 年出版。

2.《風流佛》的雕塑師

幸田露伴的短篇小說《風流佛》，寫一位雕佛師在前赴奈良途中，從壞人手裏解救了一名少女，二人發展出戀情，但辦婚事那天，少女的父親派人找到來，要少女返回東京，她無奈只好離去。

雕塑師在悲傷之餘，雕刻了一尊少女人像以寄託

思念之情。少女的父親原來是個高官，不久，雕塑師得悉，少女已與某侯爵訂婚。他十分氣憤，正想砸碎這尊人像的時候，少女從人像中走出來，微笑暗示再次團聚。雕塑師以為自己精神恍惚，少女擁抱着他雙雙進入雲霧縹緲的境界。小說批判了封建的觀念，歌頌男女之間純潔的愛情。

3.《五重塔》的十兵衛

幸田露伴的中篇小說《五重塔》，1891 至 1892 年在《國會》報上連載，故事寫平素遲鈍的木工十兵衛硬要建造師父承建的谷中感應寺五重塔，他師父源太郎是川越名匠，願意主動提供圖紙和技術，但十兵衛拒絕接受幫助，排除重重困難，終於峻工。

但五重塔在落成式前夜，竟遭遇前所未有的狂風暴雨。十兵衛為了證明這個塔很牢固，獨自在塔內過了一夜，他的師父則整夜在塔下徘徊。暴風雨過後，江戶的建築物多遭嚴重破壞，五重塔依然聳立，一根木條都沒有被吹掉。寺院和尚在塔上刻記「此塔為江都住人十兵衛建造，川越源太郎築成」字樣。小說以浪漫筆觸描繪具有頑強性格的十兵衛，歌頌在事業上自信、自強及苦鬥不息的堅毅精神。

4. 幸田延：日本最早的音樂留學生

幸田露伴的妹妹幸田延（1870-1946），別名幸田延子，是鋼琴家、小提琴家、音樂教育家。1889 至 1895 年，她到奧、德、美諸國深造。1896 年春，在東京舉行介紹她回國的音樂會。此後，幸田延長期擔任東京音樂學校教授，為日本奠定外來音樂體裁，包括鋼琴音樂、小提琴音樂、室內樂等的基礎。1937 年獲推薦為日本藝術院會員。

【人物群像】

■島崎藤村：詩人和小說家

島崎藤村（1872-1943 年），原名春樹。長野縣人。1891 年明治學院畢業，在校時加入基督教。受北村透谷影響，1893 年參加創辦《文學界》。開始時以詩人身份出現於文壇，浪漫地喊出自我的要求和苦惱，出版《嫩菜集》、《一葉扁舟》、《夏草》、《落梅集》四部詩集，作為近代詩的盛開之花，引起人們的注意。後來改寫散文，1906 年發表長篇小說《破戒》，探索未解放部落出身者的苦惱和內心世界，成為自然主義文學運動的先驅。繼而發表《春》、《家》、《櫻桃熟了的時候》、《新生》等作品，以凝視現實和自我解剖形成獨特的文學風格。

後於昭和時期以其父正樹為主角原型，寫了一部題為《黎明之前》的歷史小說，反映明治維新前後劇烈變化的社會生活，揭露了封建制度的罪惡；又開始發表《東方之門》，惜因病逝而中斷。他在童話、紀行、隨筆等方面，有許多遺著。合編為《島崎藤村全集》十七卷。

■谷崎潤一郎：追求唯美主義和享樂

谷崎潤一郎（1886-1965年），小說家。生於東京。1908年入東京帝國大學國文科，在校時參與復刊《新思潮》雜誌，並發表題為「誕生」的歷史劇，及短篇小說《刺青》、《麒麟》。1911年輟學，發表劇本《信西》及短篇小說《少年》、《秘密》，追求和讚美女性的魅力。1921至1925年間，發表長篇小說《痴人的愛》。這些作品推崇唯美主義和享樂主義，充滿頹廢情調。大正末年，他還創作了劇本。

1933年，谷崎潤一郎發表中篇小說《春琴抄》，故事寫失明的三絃琴師春琴與父家學徒佐助的愛情，流露了二人內心的痛苦和矛盾。1943年谷崎潤一郎在創作長篇小說《細雪》時，因當局干涉而輟筆；戰爭結束後，該作品於1947至1948年成書。故事以關西風土人情為背景，描述大阪船場沒落商家幾個女兒的婚姻及其家庭生活。1949年，谷崎潤一郎獲文化勳章。他晚年的作品有長篇小說《瘋癲老人日記》，但內容很頹唐。

1918年和1926年，谷崎潤一郎曾兩度到中國，與郭沫若、田漢、歐陽予倩等人相識。1935至1942年間，他把《源氏物語》譯成現代語。有《谷崎潤一郎全集》二十八卷。

■永井荷風：唯美派代表作家

永井荷風（1879-1959 年），小說家、散文家。原名
壯吉，別號斷腸亭主人。生於東京。曾就讀於東京英語
學校，1898 年起，師事小說家廣津柳浪。1902 年，永井
荷風發表短篇小說《野心》和中篇小說《地獄之花》。
後者寫一個女子中學教師的遭遇，及衝破世俗道德觀念
堅強生活的決定。

1903 年，永井荷風赴美國留學，1907 年去法國，在
銀行任職。1908 年回國後，發表短篇小說集《美國的故
事》、《法國的故事》，還有中篇小說《隅田川》和長篇
小說《冷笑》，成為唯美派健將。這些作品藉着懷古表
達對現狀的不滿，以描寫風俗艷情抗衡殘酷的社會現
實。

1910 年，永井荷風擔任《三田文學》雜誌主編，不
滿當時政局，沉迷於享樂生活。1917 年創辦《文明》雜
誌，發表長篇小說《爭風呷醋》、《五葉箸》，以及一些
隨筆，表現出玩世不恭的態度。在 1930 年代，他發表了
中篇小說《梅雨前後》和長篇小說《東奇談》等，內容
多以妓女和女招待的生活為題材，對她們深表同情。第
二次世界大戰期間，他的作品一度被禁；戰後因其反戰
態度，而為世人所重。他一直堅持寫作，還發表了《浮
沉》、《舞女》等。

永井荷風的《斷腸亭日記》，從 1917 年開始撰寫，
至 1959 年逝世前一天為止，文筆非常優美。隨筆集有
《偏奇館漫錄》和《荷風隨筆》等，譯著《珊瑚集》收錄
歐洲詩歌創作並附評論。他於 1952 年獲文化勳章，1954
年被選為藝術院會員。著作彙為《荷風全集》二十八卷，
1962 至 1965 年出版。

■宇野浩二：早稻田派作家

宇野浩二（1891-1961年），小說家。原名格次郎。生於福岡縣。年幼喪父。1915年早稻田大學英文科輟業，在校時出版了浪漫小品集《清二郎、作夢的孩子》。1919年發表短篇小說《在庫房裏》，是他的成名作。此後的作品，有《苦世界》、《山戀》、《出租孩子的店舖》、《回憶錄》、《軍港進行曲》等，都屬於現實主義小說，多取材自下層社會的日常生活，對不幸的人們抱以同情。尤其是《出租孩子的店舖》，以自然主義手法描寫東京都淺草區的貧苦群眾。其獨特的敘述風格，尤為引人注目。

1933年，宇野浩二發表了短篇小說《枯木的風景》、《枯野的夢》、《孩子的來歷》等；同年，參與創辦《文學界》雜誌。1938年發表中篇小說《才疏智拙》，描寫一個備受折磨的勞動婦女，在艱苦生活中的遭遇，反映了作者客觀而冷靜的態度。這時期的作品深入地刻劃人物的內心世界，風格與此前不同。

戰後，宇野浩二發表了長篇小說《思念草》、《思念川》、《相思草》等作品。1950年代初，他參加抗議「松川事件」判決的鬥爭，並發表長篇小說《世上的荒唐事》，對事件作出聲援。松川事件又稱東北線事件，是1949年8月在福島縣境內發生的列車翻倒事故，因路軌被破壞，導致司機和乘務員三人死亡，搜查當局斷定是正在進行反對裁員的工會會員所為，起訴二十人，反對裁員鬥爭因而急劇低落。遲至1961年，才判決全體被告無罪。1953年，宇野浩二被選為藝術院會員。其他作品，有評論集《一途之路》及評傳《葛西善藏》、《芥川龍之介》等。合編為《宇野浩二全集》十二卷。

■葛西善藏：寫「私小說」和心境小說

葛西善藏（1887-1928 年），小說家。別號醉狸州。生於青森縣。1900 年到東京，做過報童。1902 年到北海道，當鐵路乘務員和淘金工人。1904 年再到東京，次年入哲學館，中途退學，在早稻田大學英文科做旁聽生。1912 年參與創辦《奇蹟》，並在創刊號上發表短篇小說《可憐的父親》。

1920 年代葛西善藏發表短篇小說《放浪》和《湖畔手記》，作風傾向於寫實主義，文筆細膩，技巧圓熟，描寫精到，因而成為當時私小說和心境小說的代表作家。私小說一詞產生於 1920 年代前後，通常指取材於作家日常生活瑣事或表現親身感受的小說，作品多以第一人稱敘述，帶有自我暴露性質。田山花袋的《棉被》，被視為私小說的濫觴。至於「心境小說」，則是指描寫作者日常心緒的小說，文體近似隨筆、散文詩，抒發作者超然、閒適的襟懷。有《葛西善藏全集》五卷。

■廣津和郎：自然主義作家

廣津和郎（1891-1968 年），小說家、評論家。生於東京。1913 年畢業於早稻田大學英文科，在校時參與創辦《奇蹟》。1916 年，負責綜合性雜誌《洪水以後》的文藝時評。次年以短篇小說《神經病時代》成名，內容寫一個性格懦弱的新聞記者，不滿現實社會，但又無力反抗。他發表的作品，專寫知識分子。

廣津和郎與相馬泰三、谷崎精二同為早稻田派新現實主義文學代表作家。1930 年代的《暴風雨越來越猛烈》，描寫知識分子的不安定生活。1940 年的風俗小說

《小巷的歷史》，反映了下層人民的生活。次年發表了長篇小說《歷史與歷史之間》。

1949 至 1951 年，廣津和郎擔任日本文藝家協會會長；其間於 1950 年被選為藝術院會員。戰後有長篇小說《到泉水去的道路》，評論《那個時代》和《歲月的踪跡》等。從 1953 年開始，他對持續十年的松川審判進行批判，1958 年發表了長篇政論《松川審判》，表現了他的正義感和人道主義精神。有《廣津和郎全集》十三卷。

3.2 武者小路實篤：建設新村的白樺派盟主

1. 標榜理想的人道主義

武者小路實篤（1885-1976 年），小說家、劇作家。筆名無車、不倒翁。生於東京，公卿貴族家庭出身。1906 年由學習院進入東京帝國大學社會學科，次年退學。他年輕時即對文學和人生問題頗感興趣，崇拜托爾斯泰。

1910 年，武者小路實篤與志賀直哉等創辦《白樺》雜誌，成為白樺派的重要成員。他標榜理想的人道主義，並以此為基礎，採取徹底自我肯定的立場。《天真的人》（1911 年）和《不諳世故》（1912 年），描寫自

己初戀和結婚的情形。其作品貫串着對人類的信任和人生的肯定，表現了反抗習俗的態度，而在自由表述中，顯露出明快的幽默感。這時期的代表作，有中篇小說《好好先生》等。

1918 年，武者小路實篤在九州宮崎縣本城村創設烏托邦的「新村」，引起很大反響。創辦《新村》雜誌，並開始實踐活動。他在這時期發表了長篇小說《幸福者》（1919 年）、中篇小說《友情》（1919 年）、自傳體小說《一個男人》（1921 年）和劇本《人類萬歲》（1922 年）等。

進入昭和時期後，武者小路實篤寫了不少傳記文學。1937 年，被選為帝國藝術院會員。他在美術方面也有不少著述，如《美術論集》等，並喜作畫，有淳樸的趣味。第二次世界大戰期間，曾著文支持侵略戰爭。

第二次世界大戰後，武者小路實篤一度被開除公職，1948 年與安倍能成等創辦《心》雜誌，發表長篇小說《真理先生》。其作品貫串着樂天的人生觀，以樸實的技巧表現出熱烈的願望。1951 年獲文化勳章。1952 年被選為藝術院會員。其著作常以樸實的技巧表現熱烈的願望，有《武者小路實篤全集》二十五卷，1954 至 1957 年出版。

2. 標榜理想的人道主義

圍繞着《白樺》雜誌（1910-1923 年）的一班文學青年，為大正時期低沉的文壇注入清新的空氣，在知識分子之間喚起了共鳴，這一派作家的創作態度大抵可以分成三類：第一類是武者小路實篤、長與善郎的觀念論的方法，第二類是志賀直哉、里見弴的現實論的方法，第三類是接受西歐教養最深的有島武郎。

武者小路實篤的中篇小說《天真的人》，內容寫主人公愛上阿鶴姑娘，說服父親託媒人去求婚，多次都被婉言拒絕，但他總是抱着幻想。有一天偶然與阿鶴姑娘同乘一輛電車，又同在一站下車，姑娘並無與他談話，而他卻以為這是命運的默示和幸福的預兆。後來得知阿鶴已嫁人，他仍然天真地認為阿鶴真心地愛自己，只是受到父兄等人的阻攔和擺佈，才不得已與別人結婚。他藉此獲得精神上的慰藉，以及自我滿足。故事反映了作者順應自然的樂天主義思想，並且肯定人生的明朗態度。

大正初年，武者小路實篤發表了一些以歷史人物和宗教事蹟為題材的作品，包括劇本《某日的一休》（1913 年）、《二十八歲的耶穌》（1914 年）及著名的反戰劇《他的妹妹》（1915 年）、《一個青年的夢》（1916 年）等，闡述自己的人生哲學和人道主張。

3.《他的妹妹》和《友情》

武者小路實篤著的《他的妹妹》是五幕劇，1915
年發表於《白樺》雜誌，形象地表現了作者的反戰和
人道主義思想。劇本寫一個名為野村廣次的畫家在戰
爭中雙目失明，他立志要成為作家，與妹妹靜子寄居
在叔父家中。叔父為了自身利益，替公司經理之子強
行向靜子提親，但遭拒絕。

作家西島對兄妹倆的處境深表同情，讓兄妹搬到
自己家中，並主動承擔二人的生活費。野村廣次十分
感激西島的幫助，拚命寫作，希望早日能夠自立，可
惜作品刊載後，未為讀者理解。他又聽到一些有損妹
妹聲譽的傳聞，為此感到非常苦惱。西島由於照顧廣
次兄妹，引起了妻子猜疑，不斷發生家庭糾紛。靜子
為了兄長的寫作生涯和西島的家庭幸福，因而承允了
叔父為她所提的婚事。

1919 年在《大阪每日新聞》連載的中篇小說《友
情》，於強調友情與道義的同時，更重視本性的自我，
宣揚自然的意志不可抗拒。故事寫劇作家野島和小說
家大宮是摯友，野島熱戀杉子，杉子卻傾慕大宮；大
宮勸野島以行動表白，自己為避嫌而出國，但野島向
杉子求婚遭拒，杉子通過書信使大宮燃起愛情之火，
一年後，二人終成眷屬。1939 年武者小路實篤發表了

《友情》的續篇《愛與死》，這兩部作品後來被改編成愛情電影《生死戀》。

【人物群像】

■志賀直哉：《和解》與《暗夜行路》

志賀直哉（1883-1971年），小說家。宮城縣人，生於武士世家，七歲入貴族子弟學校學習院讀書，後於東京帝國大學中途退學，致力於文學創作。1900年起，隨內村鑑三學習七年，一度信奉基督教，其後放棄。1910年與者小路實篤創辦文學雜誌《白樺》，發表《剃頭刀》、《正義派》、《大津順吉》等作品，強烈表達了自己的主張，獲得社會認可。1917年因結婚問題與父親發生爭執，離家出走；遂以調和的觀點寫下著名作品《和解》，描述父子關係緩和後的喜悅心情。後來用了十五年時間完成長篇小說《暗夜行路》。1949年獲文化勳章。

志賀直哉的短篇小說《和解》，描寫主人公順吉與父親從不合到和解的經過及其心理轉化的過程。《暗夜行路》是志賀直哉唯一的長篇小說，自1921年開始陸續發表，反映一個孤獨的知識分子，如何越過生活的不幸和思想的苦悶，去探索人生道路，是日本近代文學的代表作之一。1946年發表短篇小說《灰色的月亮》，描述日本人民在戰敗後的心情。其後傾心於日本古典文學，偶爾撰寫隨筆。有《志賀直哉全集》十四卷。

■有島武郎：白樺派作家

有島武郎（1878-1923 年），小說家、評論家。別名行正，號泉谷，別號由井濱兵六、勁隼生。生於東京的一個官吏家庭，是有島生馬、里見弴的兄長。1896 年入札幌農業學校，在校時成為基督教徒。1901 年畢業後，入伍一年。1903 年留學美國，攻讀歷史與經濟學。1906 年赴歐洲，翌年回國，在札幌農業大學任教。1906 年，有島武郎參與創辦《白樺》雜誌，隨後發表短篇小說《除銹工》、劇本《老船長的幻覺》等。

1914 年，有島武郎因妻子患病回到東京。同年發表短篇小說《阿末之死》，反映日本因窮兵黷武，引起通貨膨脹和租稅加重，致使小商販大批破產的情況。1915 年，發表書信體中篇小說《宣言》，故事通過兩個青年與一個女性的愛情糾葛，表達了作者對友誼與愛情、宗教與科學、生與死等各種問題的見解。1916 年，有島武郎因父親和妻子逝世，辭去教職，專事創作。

1917 年有島武郎發表中篇小說《該隱的末裔》，通過農民廣岡仁左衛門的遭遇，反映了日本自進入資本主義社會後，無地農民的貧困生活。1918 年發表的中篇小說《生的煩惱》，描述一個生活困苦的青年漁夫追求藝術的執著精神。1919 年出版的《一個女人》，是據他此前發表的作品修改而成，通過葉子的遭遇，描寫一個追求個性解放的婦女。

受到第一次世界大戰、俄國社會主義革命、日本搶米運動等事件的影響，有島武郎於 1922 年發表了否定自己的〈一篇宣言〉；同年發行個人雜誌《泉》，次年刊載的作品都反映了他當時的矛盾心理。後與波多野秋子一

起自殺。在白樺派作家之中，他深愛西方文學影響，以描寫下層民眾生活著稱，主要作品還有長篇小說《星座》和評論《不惜奪愛》等。合編為《有島武郎全集》十卷。

■有島生馬：小說家兼西洋畫家

有島生馬（1882-1974年），作家。原名任生馬，號雨東生、十月亭。生於橫濱，是有島武郎之弟。1904年畢業於東京外國語學校意大利語科，翌年到意大利、法國學繪畫和雕刻。1910年回國，成為《白樺》雜誌同人，並於創刊號上發表新體詩《在羅馬》。1913年出版第一部小說集《如蝙蝠》，同年創辦第二科美術展覽會，在文壇和畫壇都有知名度。

1916年，有島生馬出版小說集《南歐之日》，內容充滿異國情調。此後十年的作品，有小說集《致暴君》、《鏡中影》、《謊言的結果》，隨筆《美術之秋》，及1927年出版的小品文結集《海村》。次年再次訪歐，回國後主要致力於繪畫。1936年出版隨筆《去往東方的港口》。

■里見弴：提倡誠心求善

里見弴（1888-1983年），小說家。原名山內英夫。生於橫濱。他是有島武郎、有島生馬之弟，1909年入東京帝國大學英文科，不久退學，從事文學創作。1910年在《白樺》雜誌發表短篇小說《阿民》，成為白樺派作家。至1913年，退出了白樺派。

1919年，里見弴與吉井勇、久米正雄等創辦《人間》雜誌。他這時期的作品，有較濃厚的倫理主義色彩，主張克制情慾，充滿着自省精神。代表作是1916年發表的

短篇小說《善心惡心》，描寫青年主人公在墮落、頹廢中所感到的苦惱。

其後里見弴的作品，唯美主義色彩較濃，提倡以誠心求善，長篇小說《多情佛心》和《安城家兄弟》都體現了這一思想。《多情佛心》在 1922 至 1923 年的《時事新報》上連載，寫主人公藤代奉誠心作為人生信條，以此對待他所愛的女人，並以此原諒周圍的人們，力圖喚醒他人的誠心。概括地說，里見弴主張以誠心的哲理來解決社會矛盾。1947 年，里見弴發表短篇小說《美好的醜聞》，宣揚為了生活，一切醜事都是美好的。他擅長心理描寫，人物對話巧妙。1960 年獲文化勳章。其後的作品，有中篇小說《極樂蜻蜓》、《五代之民》等。合編為《里見弴全集》四卷。

■長與善郎：白樺派作家

長與善郎（1888-1961 年），小說家、戲劇家、評論家。生於東京。1911 年入東京帝國大學英文科，同年成為《白樺》雜誌同人。1912 年發表短篇小說《兔》，次年退學。1914 年，發表長篇小說《盲目的河》及以戀愛、婚姻為主題的《他們的命運》。

1916 至 1917 年，長與善郎在《白樺》連載劇本《項羽與劉邦》。這時期他還以人道主義思想為基礎，從事文學評論。1920 年代發表了短篇小說《青銅的基督》和長篇小說《竹澤先生》，其後曾從事東洋文化研究。

1930 至 1950 年代，長與善郎數次到中國，發表評傳《大帝康熙》（1938 年）。他的作品，還有長篇小說《那天晚上》（第一至三部）、《野性的誘惑》、《最澄與空海》和自傳《我的心靈歷程》等。1948 年為藝術院會員。

3.3 芥川龍之介：新思潮派小說家

1. 一代文豪的生平和作品

芥川龍之介（1892-1927 年），著名小說家。原名新原龍之助，號澄江堂主人，俳號我鬼。生於東京。因出生於龍年龍月龍日龍辰，故名龍之介。他出生七個月後，母親患精神病，在他十一歲時去世，遂由舅父芥川道章收為養子。其養父有深厚的文學修養，對芥川龍之介有很大影響。

1910 年，芥川龍之介入東京第一高等學校，在校時熱衷歷史與文學。1913 年入東京帝國大學英文科，翌年與菊池寬、久米正雄等發刊第三次《新思潮》，並以柳川隆之介的筆名，在創刊號上發表短篇小說《老年》；1915 年，發表短篇小說《羅生門》。接着，1916 年在第四次《新思潮》創刊號上發表短篇小說《鼻》，得到文壇領袖夏目漱石讚賞。同年大學畢業後，任海軍機關學校英文教師，並從事寫作，發表短篇小說《芋粥》、《手絹》、《大石內藏助的一天》、《戲作三昧》和中篇小短《地獄變》等。

芥川龍之介的前期作品，多以歷史典故揭示社會弊病和醜惡的利己主義，以冷漠的態度觀察人生，並

有濃厚的厭世思想。1919 年，芥川龍之介辭去教職，專為《大阪每日新聞》從事創作。後期作品在技巧方面更見純熟，內容以現代題材和自傳性小說為主，深刻地反映了社會問題，有短篇小說《桔子》、《河童》、《玄鶴山房》、《齒輪》、《一個呆子的一生》和散文集《暗中問答》等。因看不到出路和感到絕望，終於以自殺結束自己的生命。有《芥川龍之介全集》十二卷。

2.《羅生門》和《鼻》

《羅生門》是芥川龍之介的代表作，1915 年發表於《帝國文學》雜誌，這個短篇小說取材於《今昔物語集》，揭露了當時流行的利己主義的醜惡面貌。故事寫一個被主人辭退的僕人，在破舊不堪的羅生門下避雨，忽然看見火堆旁邊有一個骨瘦如柴的老婦，在拔一具女屍的頭髮。僕人怒斥老婦，那老婦哀訴為了生活，不得不拔些頭髮用來做假髮賣錢。僕人對這種損人利己的行為十分氣憤，但當他拔刀對着老婦時，想到自己的處境，竟對她說：「我為了生活，也得剝掉你的衣服。」說罷就搶走老婦的衣服，把她推到屍體堆中。至於後來日本著名導演黑澤明拍攝的電影《羅生門》，則主要取材於芥川龍之介的另一個短篇《竹藪中》。

《鼻》描述一個長着五六寸長鼻子的和尚，時常被人嘲笑；他設法把鼻子弄短，反而遭受更多人的奚落。他為此苦惱萬分，有一天，鼻子忽然恢復原狀，他竟然感到心安理得。故事刻劃入微，反映了人的心理變化。該作品亦取材於《今昔物語集》。

3. 令讀者震撼的《地獄變》

1918 年，芥川龍之介在《大阪每日新聞》發表《地獄變》。故事據《宇治拾遺物語》改編，寫良秀畫藝高超，與美貌的獨生女相依為命，堀河殿上收良秀為畫師，又要收他的女兒為婢女。有一晚，良秀的女兒被堵在一間小屋內，幸為男僕所救。

後來，老爺要良秀繪畫一幅地獄圖，良秀說想要看貴婦坐在牛車上被地獄之火燒死的情景。良秀作畫時，發覺被縛在牛車上的人竟然是自己的女兒，他目睹慘狀，痛苦異常，但出於畫家的本能，繪成栩栩如生的地獄圖屏風。當天晚上，良秀自殺而死。故事描述了一個藝術至上主義者的悲劇，情節令人震撼不已。

4.《桔子》和《河童》

《桔子》發表在 1919 年的《新思潮》雜誌上，寫

一個十三四歲的農村小姑娘，樣子和衣着都很骯髒，帶着一個大包裹，匆忙地乘火車。當火車去到一個偏僻小鎮時，鐵路口站着三個小男孩，舉手喊叫，小姑娘在火車上伸出半個身子，把幾個桔子拋給孩子們。坐在小姑娘對面的作者，猜想這姑娘大概為了生活，要出外做工，三個弟弟無法到車站，只得在鐵路口等火車經過，瞬息之間流露了姊弟間的親情。

芥川龍之介的中篇小說《河童》，1927 年發表在《改造》雜誌上。日本民間傳說，河童是生活於水中的兩棲動物。故事寫一個瘋子偶然去到童河世界的所見所聞，藉此諷刺社會上的種種罪惡。

5. 芥川獎的設立

1935 年，菊池寬提倡設立芥川獎，作為對芥川龍之介的紀念，直木獎亦同時設立。一年組織兩屆，每屆一至三名。評獎活動原先由文藝春秋評選委員會主持，包括十多位著名作家和評論家，授獎對象為未成名作家的純文學優秀作品。評選結果在《文藝春秋》發表，獎品是坐鏡一塊和獎金五十萬日元。

芥川獎是日本近代文學最具權威的文學獎，被譽為純文學作品的「登龍門獎」。曾出現沒有作品當選的情況。1945 至 1949 年間中斷。第二次世界大戰結

束後獲芥川獎的，包括松本清張、五味康祐、菊池到等大眾文學作家。

6. 關於《新思潮》的說明

《新思潮》是小山內薰於 1907 年創辦的文藝雜誌，其後屢次停刊和復刊，至 1920 年總共發刊十八次，以而前四次（1907-1917 年）影響較大。

第一次：1907 年 10 月至 1908 年 3 月刊行，小山內薰主編，潮文門發行，旨在介紹西方近代戲劇及文藝動向，對日本新劇運動起了先導作用。

第二次：1910 年 9 月至 1911 年 3 月刊行，新潮社出版，同人大多為東京帝國大學學生，刊登的作品以小說為主。

第三次：1914 年 2 月至 9 月刊行，久米正雄主編。

第四次：1916 年 2 月至 1917 年 3 月刊行，成瀨正一、松岡讓主編。新思潮派就是以第三、四次同人芥川龍之介、菊池寬、久米正雄、山本有三等為中心而形成的。

第五次：1918 年 10 月至 1919 年 6 月刊行。

第六次：1921 年 7 月復刊，停刊時間不詳。以這一次的同人川端康成、今東光、酒井真人為主，形成新感覺派。

新思潮派注重理智，講究技巧，主張選取普通人的生活作為描寫對象。新感覺派多採用現代派表現手法，站在小市民的立場，表現日本近代社會的崩潰。

以後各次《新思潮》，在文學界影響不大。

【人物群像】

■菊池寬：創辦《文藝春秋》

菊池寬（1888-1948 年），小說家、劇作家。曾用筆名菊池比呂士、草田杜太郎。生於四國香川縣一個深受儒家思想影響的家庭。1913 年入京都帝國大學英文科，研究英國戲劇，在校時與芥川龍之介、久米正雄等發刊第三次、第四次《新思潮》雜誌，1916 年發表劇本《屋頂上的狂人》、短篇小說《溺水搶救員》和《三浦右衛門之死》等。同年大學畢業後，任時事新報社社會部記者。

1917 至 1919 年間，菊池寬發表劇本《父歸》和短篇小說《無名作家日記》、《忠直卿行狀記》、《恩仇之外》等，運用現實主義方法，描繪思想道德方面的衝突。《恩仇之外》否定了武士道的復仇陋習，宣揚立功贖罪、捐棄前嫌的人道主義精神。

1919 年，菊池寬退出時事新報社，成為專業作家。次年發表長篇小說《真珠夫人》，描寫貴族社會的戀愛糾紛。同年由於劇本《父歸》等演出成功，他與山本有

三等創立劇作家協會。1921 年，發表短篇小說《蘭學事始》、《亂世》、《島原情死》等；同年，與德田秋聲等創立小說家協會。1923 年創辦《文藝春秋》雜誌，在兩三年間發表長篇小說《新珠》、《第二次接吻》和劇本《裂裟夫人》、《戀愛病患者》。

1928 年，菊池寬組建文藝春秋社，任社長，致力於提高作家的社會地位。1935 年設立芥川獎和直木獎，旨在培養新進作家。該社因而被稱為作家的「大本營」。其間菊池寬成為文藝家協會首任主席，及被選為藝術院會員。1938 年作為從軍記者，到過中國南京、武漢等地，後來發表《西住坦克隊長傳》。戰時接近軍方，1942 年出任大日本文學報國會會長、大東亞文學者大會議長，積極參與侵略戰爭活動。戰後被追究戰爭罪責，受到開除公職處分。1938 年設立的菊池寬獎，戰後於 1953 年恢復。有《菊池寬全集》十卷，1960 年出版。

■松岡讓：夏目漱石的女婿

松岡讓（1891-1969 年），小說家。原名善讓。生於新潟縣。1917 年東京帝國大學哲學科畢業，在校時參與第三、四次發刊《新思潮》，在該刊發表劇本《到罪惡的那邊去》和小說《炮兵中尉》等。

自傳性長篇小說《維護佛法的人們》（1917 年）是松岡讓的代表作，描寫佛寺住持的長子圓泰對寺院腐敗生活的反抗。他的小說，還有《憂鬱的情人》（1927 年）和《敦煌物語》（1938 年）。松岡讓與夏目漱石的長女結婚，因而致力於漱石研究，著有《漱石先生》、《漱石‧人和文學》、《漱石的漢詩》等。

■豐島與志雄：譯《悲慘世界》和《一千零一夜》

豐島與志雄（1890-1955 年），小說家。生於福岡縣。東京帝國大學法文科畢業，在校時參與第三次刊行《新思潮》，發表處女作《湖水和他們》，受到文壇重視。1917 年出版第一部短篇小說集《倘若出世的話》，1919 年翻譯出版法國作家雨果的小說《悲慘世界》。

1927 年，豐島與志雄發表長篇小說《明暗之花》，表現市井平民的生活。1938 年出版短篇小說集《白色的早晨》，以幽默的筆觸描寫城市知識分子的狀況。戰後於 1948 年任日本筆會幹事長，次年被選為藝術院會員。著有隨筆集《貓性語錄》，譯有《一千零一夜》等。

■佐藤春夫：多樣化的文學創作

佐藤春夫（1892-1964 年），詩人、評論家、小說家。和歌山縣人。1913 年入慶應大學肄業，中途輟學。中學時代認識生田長江、與謝野鐵幹，並拜其門下。初為《昴星》系的浪漫主義詩人，著有《殉情詩集》。他又寫了一些有政治傾向的詩，例如《愚者之歌》就是歌頌大逆事件中的大石誠之助。

評論方面的代表作，有《無聊的書》；至於小說，1919 年發表《田園的憂鬱》得到好評，此外有《城市的憂鬱》、《高傲的少女》等。其後，佐藤春夫在文學各方面都很活躍，有詩集《佐久集的草笛》、譯詩集《東塵集》等，亦曾介紹魯迅的作品。1960 年獲文化勳章。有《自選佐藤春夫全集》十卷。

3.4 小林多喜二：無產階級文學作家

1. 左翼文化運動的領導者

小林多喜二（1903-1933年），小說家。生於秋田縣，後遷居北海道小樽市。1924年畢業於小樽高等商業學校，在北海道拓殖銀行支店任職。有志於文學，崇拜志賀直哉。後來參加工人運動，1928年加入日本無產者藝術聯盟，發表〈一九二八年三月十五〉一文，描寫共產黨被鎮壓的情況，由此著稱於文壇。次年在《戰旗》上發表《蟹工船》，描寫鄂霍次克海捕蟹製罐的破船上的工人，被剝削和起來反抗的情況。同年在《中央公論》上發表〈不在村裏的地主〉一文，因而被銀行解僱。

其後，小林多喜二到東京，於1931年任無產階級作家同盟書記長，並參加日本共產黨。次年轉入地下活動，領導文化運動。1933年被捕和殺害，描寫地下鬥爭的《黨生活者》在他死後才發表。有《定本小林多喜二全集》十五卷，1968至1969年出版。

2.《蟹工船》和《黨生活者》

小林多喜二的中篇小說《蟹工船》，1929年在《戰

旗》雜誌上發表，題材取自 1926 年北洋蟹工船漁業事件，描述以北海函館為基地的破舊蟹船，在日本驅逐艦保護下入蘇聯堪察加領海捕魚作業，船工受到非人的壓逼，來自川崎的漁民帶領發動罷工鬥爭。

這個中篇小說原先計劃出版三冊，但至第二冊即被查禁。作品引起勞動者的強烈反響，戰後根據作者原稿作了若干補正。《蟹工船》和德永直的《沒有太陽的街》，同為日本無產階級文學的名著。《蟹工船》有中譯本和多國語文譯本。

小林多喜二的另一個中篇小說《黨生活者》，1933 年間原以《轉折期的人們》為題，在《中央公論》雜誌上發表，生動地描繪了日本共產黨人的形象。內容根據藤倉工業株式會社工人群眾的鬥爭，及作者本人的地下活動體驗，記述「我」和須山、伊藤三個共產黨員在軍需工廠當臨時工，針對廠方準備解僱全部六百名臨時工人的企圖，發動群眾進行鬥爭，最後失敗和退出工廠的經過。當中有些情節，寫母親想與兒子見面而又擔心兒子的安危，以及與女友相處和分開的經過，表現了作者內心的一些矛盾。

3. 無產階級文學運動

1920 年代初，在俄國十月革命和社會主義思潮影

響下，日本出現了無產階級文學運動，至 1930 年代中陷入低潮。小牧近江、金子洋文等率先在《播種人》中宣傳社會主義，1928 至 1931 年，全日本無產者藝術聯盟時期的創作，是這個運動的高峰。小林多喜二、德永直的作品之外，還有中野重治（1902-1979）的詩歌等；村山知義（1901-1977）的劇本《暴力團記》，描寫中國工人在京漢鐵路大罷工中的鬥爭，人物類型化，是當時日本無產階級戲劇的代表作。藏原惟人（1902-1991）以具有革命思想的論文，成為這時期的文學理論家；他撰寫了《小林多喜二研究》，著有《藏原唯人評論集》。

以《文藝戰線》為中心的作家，有葉山嘉樹、黑島傳治等人。其他作家，包括宮本百合子、橋本英吉等。其後遭到法西斯鎮壓，有一批作家被捕和遇害。1931 年，全日本無產者藝術聯盟改組為日本無產階級文化聯盟，至 1934 年解散。

■葉山嘉樹：發表《生活在海上的人們》

葉山嘉樹（1894-1945年），小說家。原名嘉重，別名民平。生於福岡縣。1913年從早稻田大學高等預科退學，當過水手、臨時工和新聞記者。1917年起參加工人運動，因組織罷工被捕入獄。1924年發表短篇小說《牢獄半日》，次年發表《賣淫婦》。

1926年加入《文藝戰線》，發表〈水泥桶中的一封信〉，描寫一名水泥廠工人跌入球磨，被碾碎和燒製成水泥的慘劇；同年發表長篇小說《生活在海上的人們》，被視為早期無產階級文學的代表作。故事描寫第一次世界大戰期間，萬壽號煤船由室蘭駛向橫濱，中途遇到風暴，船員安井負傷，船員藤原等要求船長送安井到醫院遭拒，於是發動船員罷工，逼使船長接受八小時工作制及傷病醫療費由船主負擔等條件。但煤船抵達橫濱後，藤原被捕入獄，一些船員則被解僱。這是日本最先表現工人階級有組織地進行罷工鬥爭的小說，展示了階級鬥爭日益尖銳的趨勢。

其後，葉山嘉樹逐漸陷於虛無主義，到處流浪。1932年與里村欣三、岩藤雪夫等創建無產階級作家俱樂部。1934年，發表中篇小說《活在山谷中的人們》。1943年，他作為開拓團成員，到中國東北農村開墾；1945年日本戰敗投降，他在回國途中病逝。有《葉山嘉樹全集》六卷。

■細井和喜藏：發表《女工哀史》

細井和喜藏（1897-1925年），小說家。京都府人。幼年喪母，小學未畢業就進入紡織工廠，工作了十五年，同時在夜校學習。1922年在《播種人》雜誌發表短篇小說《一臺機器》。翌年創辦詩刊《悍馬》。所著《女工哀史》，是報告文學作品，該書發行一個月後，細井和喜藏因貧困而去世。

《女工哀史》刻劃了大正時期紡織廠資本家貪婪的剝削行徑，女工在封建式監督下遭受精神上和肉體上的壓迫。出版後引起強烈反應，一再重版，產生了極大的社會影響。細井和喜藏的遺著，還有長篇小說《工廠》和《奴隸》。合編為《細井和喜藏全集》四卷。

■德永直：寫一條「沒有太陽的街」

德永直（1899-1958年），作家。熊本縣人。小學退學後，過着低層的工人生活。後來入東京博文館印刷所做排字工，1926年因領導工人在勞資糾紛鬥爭中失敗而被解僱。他根據這個經歷，寫成《沒有太陽的街》，在《戰旗》雜誌上連載，因而成名。「沒有太陽的街」是谷地山下擠擁不堪的貧民窟，與山坡上的高尚住宅形成強烈對比，印刷工人歷時七十天的罷工雖然得到各地工人組織的支援，最終歸於失敗。1930年，他又發表長篇小說《失業的城市東京》。

戰後，德永直參加新日本文學會。1946年加入日本共產黨，同年發表自傳性作品《妻啊，安息吧！》。其他著作，有《靜靜的群山》、《八年制》等。他與小林多

喜二並稱日本無產階級文學代表作家。1955 年應邀參加第二次蘇聯作家代表大會，回國途中到中國訪問。

■片岡鐵兵：新感覺派作家

片岡鐵兵（1897-1944 年），小說家。生於岡山縣。慶應大學預科中退，任代課老師。1915 至 1920 年間，任《山陽新報》、《大阪朝日新聞》記者；1924 年參與創刊《文藝時代》，其後發表評論《致青年讀者》、《新感覺派之表》，及短篇小說《幽靈船》、《網上的少女》等，成為新感覺派代表作家之一。這一派的創作特徵，是揚棄現實主義方法，採用主觀的、感覺的描寫，富節奏感。

1928 年，片岡鐵兵加入前衛藝術家同盟，後來是全日本無產藝術聯盟成員，發表《活偶人》、《綾里村壯舉錄》等小說。後者寫靠捕鮑魚維生的綾里村漁民，組織起來挫敗壟斷鮑魚收購的山村家勢力。1930 年，片岡鐵兵被捕入獄。1934 年出獄，發表中篇小說《痛苦》和長篇小說《現代幸運兒》；後來轉而從事通俗文學創作，有《新娘學校》、《紅與綠》等作品。1938 年入伍為筆部隊成員，在中國病逝。1944 年發表的《民寺記》，是他在戰時撰寫的隨筆。

3.5 小川未明：日本兒童文學之父

1. 畢生為兒童文學作出貢獻

小川未明（1882-1961年），小說家，兒童文學家。原名健作。生於新潟縣。1905年早稻田大學英文科畢業，次年入早稻田文學社，擔任《少年文庫》雜誌編輯，並於1907年出版第一部小說集《愁人》。次年創建青鳥會，從事浪漫主義文學創作。1910年出版《紅色的船》，是日本最早的童話集。

第一次世界大戰後，小川未明的思想傾向於社會主義。1921年成為《播種人》雜誌同人，1923年發表的童話《野薔薇》，表現了人道主義精神和反戰思想，是他的代表作。當年6月，小川未明在播種社組織的三人會上即席朗誦，一時成為佳話，另外兩人是秋田雨雀和中村若藏。

1927年，小川未明參加日本無產派文藝聯盟，並開始出版《未明童話集》。1929年，組織自由藝術家聯盟，創辦《童話的社會》雜誌。1937年，他在擔任主編的《話本》創刊號上，強調童話創作「較之娛樂更應重於教化」，認為「只有作為藝術的童話，才能經常地把兒童的心靈，吸引到善美、高尚、純粹的事

物上來，以便養成明朗的人性」。

戰後，他對戰時沒有堅決抵制和反對日本軍國主義作了深刻反省。1946年，擔任第一任兒童文學者協會會長，同年獲野間文學賞；1951年，獲日本藝術院賞；1953年，選為日本藝術院會員，並獲文化功勞者稱號。有《小川未明童話全集》十二卷。

2. 反戰立場的文學作品

1918年初，小川未明站在反戰立場，發表了小說《戰爭》，譴責第一次世界大戰。1920年代初，他受到鈴木三重吉發起的以《赤島》為中心的新童話運動影響，從此把主要精力放在童話創作上，寫了《牛女》、《紅蠟燭和人魚》、《月夜和眼鏡》等作品，《野薔薇》更成為膾炙人口的名著。

《野薔薇》寫一大國與一小國毗鄰，國境線上各有一名士兵守護界碑，大國士兵是個老人，小國士兵是個青年。二人日夕相處，成為朋友。後來兩國發生戰爭，二人成為敵對的雙方。老人懇請青年人把自己的首級取下來，回去領功；青年人拒絕，奔向北方戰場。老人茫然若失地渡日，陪伴着他的只有國境上一株盛開的野薔薇。一天，老人從過路人那裏得知，小國戰敗了，士兵都陣亡了。老人思念青年人，夢見青

年人帶着大隊人馬直到他跟前，行了一個禮，吸了一口野薔薇的花香。一個月後，野薔薇花枯萎了。那年秋天，老人也回到南方的家鄉去了。

這篇童話故事的主題控訴戰爭的不義，破壞了人們和平的生活，使本來友好相處的兩國人民成為仇敵，甚至傷害了無辜的生命。青年人為國戰死，老年人孤獨寂寞，戰爭帶給人們的，只是浩劫和災難。在兩次世界大戰之間寫成的這個作品，顯得尤其有意義。

【人物群像】

■岩谷小波：主編《少年世界》

岩谷小波（1870-1933 年），童話作家。原名季雄。生於東京。1887 年加入硯友社，次年發表反映少年男女純真愛情的小說《最初的紅葉》。1891 年發表童話代表作《黃金丸》，從而確立其童話作家的地位。

接着，岩谷小波整理出版了《日本古代童話》二十四輯；1894 年起，主編當時日本最大的兒童文學雜誌《少年世界》。同時，他還編輯《世界童話》、《世界童話文庫》等叢書，介紹世界兒童讀物。1910 年出版《小波童話百則》，其後有兩種《小波童話全集》，一種是千里閣於 1928 年出版，另一種是吉田書店於 1933 年

出版。

岩谷小波的作品酣暢而樂觀，具有民族、民主精神。他後半生熱心於社會活動，曾任國定教科書編委、文部省文藝委員、國語調查委員會委員等職。

■鈴木三重吉：浪漫的童話作家

鈴木三重吉（1882-1936年），小說家、兒童文學家、童話作家。生於廣島市。1904年入東京帝國大學英文專業，1906年發表短篇小說《千島》，得到夏目漱石的讚賞，自此登上文壇。翌年，鈴木三重吉發表短篇小說《山彥》和《三津》，出版短篇小說集《千代紙》，成為唯美主義的浪漫派作家。1908年大學畢業後，曾任千葉縣成田中學教導主任，同時在《國民新聞》上連載長篇《小島之巢》。

1911年，鈴木三重吉到東京。1913年發表長篇小說《桑實》，其後自費出版《三重吉作品集》。1916年，他感兒童文學貧乏，開始童話創作，並出版童話集《湖水姑娘》。1918年辭去教職，創辦兒童文學雜誌《赤鳥》，提倡創作富有藝術性的新童話，及兒童自由詩、自由畫，主張兒童文學與藝術教育相結合，促進了兒童文藝教育的發展，引起知識階層的共鳴，並且積極投稿。《赤鳥》自1918年創刊至1936年停刊，共出版了一百九十七冊。

鈴木三重吉的作品，有童話《十二顆星》、《少年王》，及由名作改編而成的兒童讀物《古事記物語》。此外，他還翻譯出版了《世界童話集》等。有《鈴木三重吉童話全集》十二卷。

■秋田雨雀：反戰的兒童文學家

秋田雨雀（1883-1962 年），戲劇家、詩人、小說家。原名德三。生於青森縣。1907 年畢業於早稻田大學英文科，任《新思潮》雜誌編輯。1909 年發表第一部劇本《紀念會前夜》，次年創辦《劇與詩》。1913 年加入藝術座，並參與社會活動。

秋田雨雀在大正時期發表了《三個靈魂》、《國境之夜》等劇本，表現出反戰和人道主義思想。1920 年代初，他還出版了《給東方的孩子》、《太陽與花園》等童話集，並為《播種人》雜誌撰稿。1927 至 1928 年間，他應邀訪問蘇聯，回國後停止創作。

1930 年代，秋田雨雀歷任新協劇團事務長、國際文化研究所所長、日本世界語同盟委員長。1940 年被捕，旋因妻子生病獲釋出獄。戰後，秋田雨雀任舞台藝術學院院長、日本兒童文學者協會會長。1949 年加入日本共產黨。1953 年出版《雨雀自傳》。

■宮澤賢治：從事詩與童話創作

宮澤賢治（1896-1933 年）是以浪漫詩人知名的童話作家。生於岩手縣，1918 年在盛岡高等農林學校畢業。1920 年開始童話創作，次年起任岩手縣稗貫農業學校教師。1922 年撰寫《永訣之歌》、《無聲慟哭》等詩篇，悼念他的妹妹淑子。

1924 年，宮澤賢治出版詩集《春與修羅：心象素描》，收錄詩作六十九首，表現了個人的感受和信仰，具浪漫色彩，也反映了 1920 年代農民的苦難。同年還出版了童話集《生意興隆的飯館》，描寫農村孩子對城市

文明的反感。1926 年辭去教職，從事農耕，在農村普及農業科學知識，並設立肥料研製辦事處。

1928 年，宮澤賢治患病；1931 年，在東北碎石工廠任技師。不久再次病倒，這年寫成詩稿《不怕風來不怕雨》。主要作品，還有童話《銀河鐵路之夜》（1927 年）和《哥斯柯布特里的傳記》（1932 年）等。他一生致力嘗試把佛教、科學、藝術融為一體，追求自然的和諧。逝世之後，其作品的價值始為人們發現。

3.6 直木三十五：推進大眾文學

1. 對歷史小說作出卓越貢獻

直木三十五（1891-1934 年），小說家。原名植村宗一。生於大阪。中學畢業後，當過臨時教員。1911 年入早稻田大學英文科預科學習，後來因繳不起學費，轉到高等師範學校。1919 年參與創設春秋社，出版《托爾斯泰全集》；後又經營冬夏社，創辦《主潮》、《人間》等。1923 年《文藝春秋》創刊後，他常在該誌發表辛辣的雜文，甚獲好評。

三十一歲時起，他在《時事新報》上用「直木三十一」的筆名發表評論文章；以後每長一歲，筆名

的數字隨着增加，直至三十五歲時，始固定為「直木三十五」。1926 年，他與矢田插雲、白井喬二等組成文學團體二十一日會，創辦《大眾文藝》。

1930 年，他在《東京日日新聞》和《大阪每日新聞》連載其代表作《南國太平記》，是描寫江戶末期薩摩藩內部騷亂的歷史小說，因而成為流行作家。《荒木又右衛門》、《黃門周遊記》、《源九郎義經》等，都是他的代表作。此外，還寫有小說《青春閱歷記》、《日本的戰慄》等，其思想及言論已逐漸靠近軍部。

2. 每年兩次的直木獎

直木三十五去世後，文藝春秋社從 1935 年起設立直木獎，紀念他在大眾文學方面所作的貢獻。直木獎由菊池寬提倡，與芥川獎同時設立，一年組織兩屆，每屆一至二名。

直木獎的評獎活動原由文藝春秋社主持，1939 年後由日本文學振興會承辦。評選委員會由十多位著名作家組成，授獎對象為優秀的大眾文學新人，評選結果於《大眾讀物》雜誌上發表。獎品是表一隻和獎金五十萬日元。1945 至 1949 年中斷，亦曾出現沒有作品當選的情況。時至今日，直木獎仍是日本最有權威的文學獎之一。

【人物群像】

■中里介山：拒絕加入文學報會

中里介山（1885-1944 年），小說家。原名彌之助，東京人。通過自學，任小學代課教員。其初接觸基督教和社會主義思想，後來受到佛教思想的影響。1903 年結識木下尚江，與山口孤劍等合辦《火鞭》雜誌，並為《平民新聞》撰稿。1906 年進入都新聞社，在該報連續發表《冰花》和《高野的義士》，因而聞名。

1913 年起，中里介山連續發表和出版《大菩薩山巔》，頗愛讀者歡迎，從而確立了他作為大眾文學創始人的地位。故事以幕府末年為舞台，描述劍客機龍之助的經歷。但這一長篇小說直至 1941 年還沒有寫完，他就離開了文壇。太平洋戰爭期間，中里介山拒絕加入文學報國會。有《中里介山全集》十二卷。

■大佛次郎：題材多樣化的作家

大佛次郎（1897-1973 年），小說家。原名野尻清彥，生於橫濱。1918 年入東京帝國大學政治學科，同年發表中篇小說《一高羅曼斯》。1921 年畢業後，在外務省條約局任職，一面翻譯法國作家羅曼‧羅蘭的作品，不久辭職專事小說創作。1924 年發表成名作《鞍馬天狗》，小說的主人翁是一個匿名的討幕派，但並不十分崇拜皇權，作品隱含着抵制軍部獨裁的意圖。次年又發表《赤穗浪士》，描寫江戶時代的復仇故事。1930 年代的創作，內容多樣化，或取材於現實生活，或取材於異國文化。1940 年，大佛次郎被徵召入伍到中國。

戰後，大佛次郎完成了長篇小說《歸鄉》，描寫一個軍人回國後復去國外，反映了當時社會的混亂。1951年完成劇本《楊貴妃》，1959年被選為藝術院會員，1964年獲文化勳章，並完成表現巴黎公社起義的長篇小說《燃燒的巴黎》。其後在創作《天皇的世紀》時因病輟筆。1974年，朝日新聞社為緬懷大佛次郎，設立大佛次郎獎，獎品是獎牌一塊和獎金一百萬日元。

■吉川英治：大眾文學第一人

吉川英治（1892-1962年），小說家。生於神奈川縣。早年因家境貧困，沒有上學，後來做過排字工、船塢工和店員。1937年任每日新聞社特派員，到過中國天津和北平，翌年作為筆部隊成員，到南京和漢口。1942年作為日軍報導班成員，到南洋等地。

1920年代至1930年代初，吉川英治發表了一些富有想像力的傳奇作品，也致力於創作兒童文學，如《神州天馬俠》、《龍虎八天狗》、《月笛日笛》等。後期的代表作是長篇小說《宮本武藏》（1935-1939年），描述江戶時代初期的武士生活，寫「劍」由殺人到愛人，由亂世兇器變成保衛和平的武器；他提出「劍禪一致」的思想，情節引人入勝。戰後的作品《新平家物語》，獲1953年度菊池寬獎。1960年獲文化勳章。吉川英治以其凸顯平民性特點的歷史小說，成為日本大眾文學第一人。

宮本武藏（1584-1645年）是江戶初期的兵法家、日本劍道史上的名人。1600年，他參加關原之戰後，開始修行武道，創立二刀流，即持長短兩刀比武的劍道新流派，與強手比試，屢次獲勝。著《三輪書》等。

第四章

演藝與繪畫

日本戲曲以歌舞伎最具代表性，尾上菊五郎（第六代）和初代中村吉右衛門共創了大正、昭和年間歌舞伎的黃金時代；而以引進歐洲戲曲為開端的「新劇」，出現了一批劇作家、女演員和舞臺監督。與此同時，日本開始有音樂家、歌唱家聞名國際；他們當中，也有人為傳統音樂的發展開創新局面。

　　二十世紀初，日本美術界通過對西方美術的消化及傳統美術的革新，探索走向現代美術的道路，1907年開設文展，締造了大正時代及昭和初期美術界的繁榮局面。青木繁，藤島武二等人的作品，色彩優美，富浪漫情調和裝飾風格；岡倉天心和學生橫山大觀、菱田春草，則遠溯江戶初期以前的古風，並汲取洋畫技法，建立了新世紀的風格。

　　而在京都，以竹內栖鳳為代表的日本畫，以富岡鐵齋為代表的南畫，和以淺井忠為代表的洋畫，各領風騷，形成與東京中央畫壇對峙的局面。而最能顯現生機的美術活動，則是日本美術院、二科會等在野團體。大正末年到昭和初期，還可看到日本左翼美術運動的興起。

表五　大正時期美術發展概況

年份	事項	創作
1912	大正時期開始	今村紫紅《近江八景》
1913	農商務省創辦工藝展覽會	－
1914	橫山大觀、下村觀山脫離文展，再興日本美術院；新進洋畫家創立二科會，並舉行第一回展覽。	－
1915	－	土田麥仙《大源女》
1916	－	前田青村《京名勝八景》
1917	山本鼎、織田一磨成立創作版畫協會。	萬鐵五郎《倒立的人》
1918	土田麥仙、村上華岳成立國畫創作協會。	關根正二《信仰的悲哀》 上村松園《焰》
1919	帝國美術院創立，主辦帝展以取代文展。	村上華岳《日高川》
1920	日本分離派建築會結成	速水御舟《京都舞女》
1921	－	富岡鐵齋《孫真人山居圖》 岸田劉生《麗子像》系列
1923	關東大地震	高村光太郎《手》 橫山大觀《生生流轉》
1924	－	戶張孤雁《嫉妒》

4.1 三浦環：演繹蝴蝶夫人淒美的一生

1. 蝴蝶夫人的化身

三浦環（1884-1946 年）是日本最早聞名國際的女高音歌唱家。舊姓柴田。1904 年畢業於東京音樂學校本科聲樂科，後入研究科；不久，在母校任副教授。1910 年任帝國劇場歌劇部教師，翌年開始在多部歌劇中擔當女主角。

1915 年，三浦環在英國倫敦參加《蝴蝶夫人》的演出，獲得成功，以後長期在歐美各國公演，擔當歌劇《蝴蝶夫人》女主角的演出，多達二千餘場。她的歌聲清澄優美，演技也很生動，演繹了蝴蝶夫人淒美的一生，因而聲名大噪。有吉本明光編《蝴蝶夫人 —— 三浦環自傳》（1961 年）。

《蝴蝶夫人》（*Madama Butterfly*）是意大利作曲家普契尼（Giacomo Puccini）創作的歌劇，內容寫日本的蝴蝶夫人與美國海軍軍官平克頓結婚，後來被拋棄而自殺的悲慘遭遇。故事以美國作家的短篇小說《蝴蝶夫人》為藍本，並參考了另一部小說《菊夫人》。該歌劇被視為結合東方文化和西方傳統歌劇表演的完美典範，風行世界。

2. 長崎的哥拉巴園

位於日本九州長崎市南部丘陵上的哥拉巴園（Glover Garden），是該市的歷史地標，內有十九世紀蘇格蘭商人哥拉巴建造的住宅，也有其他外國商人的住宅，總共有九座西式建築，包括傳說中蝴蝶夫人的故居。紀念館中有歌劇《蝴蝶夫人》作曲家浦契尼的純白雕像。時至今日，該處是日本人和外國遊客前往觀光的著名景點。

【人物群像】

■田邊尚雄：研究古樂器和傳統音樂

田邊尚雄（1883-1984年），著名音樂學家。生於東京。原姓本岡，1895年成為田邊貞吉的養子。1907年畢業於東京帝國大學理科大學理論物理學科，入大學院（研究院）專攻聲學，兼修音響心理學與生理學，同時跟從理學博士中村清二研究日本和中國的樂律；又入田中正平的邦樂研究所，專修日本傳統音樂和日本舞蹈。

1920年後，田邊尚雄從事國內古樂器研究及東方音樂的實地調查研究。1929年取得帝國學士院獎，1936年，任第一屆東洋音樂學會會長。戰後，於1981年獲選為文化功勞者。著作甚多，有《日本音樂講話》、《東洋

音樂史》、《音樂原論》、《日本的音樂》、《中國與朝鮮的音樂調查紀行》等。

■山田耕筰：創立日本交響樂協會管弦樂團

山田耕筰（1886-1965年），作曲家、指揮家。生於東京。1908年畢業於東京音樂學校本科聲樂部，入研究科。1910至1913年，留學柏林高等音樂學校專修作曲，創作交響詩《曼陀羅之華》。

1920年創辦日本樂劇協會，同年與詩人北原白秋創辦《詩與音樂》月刊，發表《六騎》、《香榧樹林》等藝術歌曲。1924年正式創立日本交響樂協會管絃樂團。

山田耕筰於1917年到美國紐約，1931年到蘇聯各地，作旅行演出。有歌劇《黑船》、《香妃》和交響曲《凱歌與和平》、歌曲《紅蜻蜓》等，各種體裁的作品多達一千餘首。1956年獲授予文化勳章。

■宮城道雄：箏曲家和作曲家

宮城道雄（1894-1956年），音樂家。原籍廣島縣，生於神戶。1902年失明，開始習箏和地歌。地歌是三味線音樂的分支名稱，即京都、大阪地區的人所說的「本地之歌」。1909年作箏歌《水的形態》，1914年借鑑西歐音樂作《唐砧》，是箏與三弦各二件的四重奏曲。

1919年，宮城道雄在東京舉行一次新作品發表演奏會；翌年與作曲家本居長世舉行新作品發表會，被稱為新日本音樂大演奏會，發表箏與尺八伴奏的歌曲《秋調》等。

宮城道雄於大正時代末年創製的十七弦箏，現時已

被廣泛採用。他的代表作還有《春之海》、《櫻花變奏曲》等。他一生以作曲、演奏等活動，為日本傳統音樂的發展開創新的局面。有《宮城道雄全集》三卷。

4.2 島村抱月：促進日本戲劇發展

1. 從記者到文學評論家

島村抱月（1871-1918 年），文學評論家、小說家、劇作家。原名佐佐山瀧太郎。生於島根縣。少時曾在藥店當學徒，其後為法院僱員，法院檢事島村文耕收他為養子。1890 年，島村抱月入東京專門學校政治科，後來改入文學科。1894 年畢業後留校任教，並任《早稻田文學》雜誌記者。在這時期，他發表了《論西鶴》、《論悲劇》、《關於新體詩的形式》等評論。

1897 年，島村抱月與伊原青青園、小杉天外、後藤宙外等創辦《白色風暴》。此後三四年間，發表了十幾篇描寫人世悲涼的寫實主義小說，都收入他的短篇小說集《亂雲集》（1906 年）之中。1898 年當《讀賣新聞》主任記者，又曾在三省堂擔任辭典編輯。

1902 年，島村抱月赴英國，在牛津大學攻讀文理學、美學等，並研究英國文化和戲劇。同年，出版具有獨到見解的《新美辭學》。兩年後，轉入德國柏林大學繼續攻讀心理學、美學等。1905 年回國，任早稻田大學教授。翌年發表《旅歐文談》。

明治末年，島村抱月結合西方文學，發表了《被囚禁的文藝》、《文藝上的自然主義》、《自然主義的價值》等論文，闡述自然主義文學。這些論文都收入評論集《近代文藝之研究》中，成為自然主義文學理論的重要著作。其後，島村抱月從事戲劇研究，參與組建藝術座，除上演自編劇本外，還翻譯和上演易卜生、契訶夫、莎士比亞等人的作品，對日本戲劇發展有很大貢獻。

2. 藝術座及其前身

1913 年，以島村抱月、松井須磨子為中心，組成名為藝術座的戲劇團體，上演《復活》，獲得巨大成功。1918 年，島村抱月去世；次年松井須磨子自殺，劇團因而解散。

藝術座的前身是文藝協會，1906 年以島村抱月為中心創立起來。1909 年，坪內逍遙為會長，形成純新劇團體，向日本觀眾介紹莎士比亞和易卜生的作品，

並培養出松井須磨子等名演員。1913 年，文藝協會因內部矛盾解散。

另外有一個模仿英國的自由劇場，1909 年由第二代市川左團次和小山內薰組建，與文藝協會聯合開展新劇活動，在東京有樂座首演易卜生的翻譯劇，為新劇在日本的初期發展作出了貢獻。

3.《近代文藝之研究》

島村抱月著《近代文藝之研究》，1909 年早稻田大學出版部出版，是一本評論集，書首有題為「論人生觀上的自然主義」的代序。

全書收錄他自 1906 至 1909 年的代表性論文、時評五十一篇，內容廣泛，包括《破戒》、《面影》、《棉被》等文學作品及有關戲劇、音樂、美術、雕刻等多種藝術的評論，體現了作者的自然主義文學觀和當中所蘊含的神秘性、象徵性及浪漫主義因素。

島村抱月著作頗多，編為《島村抱月全集》八卷，1919 至 1920 年出版。

【人物群像】

■松井須磨子：新劇女演員

松井須磨子（1886-1919 年），本名小林正子。長野縣出生。1909 年加入文藝協會戲劇研究所，因扮演《哈姆雷特》中的奧菲莉亞而聞名。1913 年與島村抱月戀愛，同時組建藝術劇團。又在《復活》中扮演卡秋莎，極受觀眾喜愛。島村抱月去世後，她隨而自殺。

所謂新劇，是與歌舞伎、新派劇大不相同的近代戲劇的總稱。明治時期的新派劇，是以壯士劇（亦稱書生劇，即自由黨壯士們業餘演出的戲劇，鼓吹自由民權思想）為基礎，與舊派劇歌舞伎對抗，從而發展救民於水火的新時代戲劇。至於新劇，主要面向新興市民和知識階層，由引進歐洲戲曲開始，1909 年，在自由劇場上演莎士比亞和易卜生的作品。至 1924 年，新劇以築地小劇場作為陣地加以發展。

■中村吉藏：藝術座舞台監督

中村吉藏（1877-1941 年），劇作家、劇評家、小說家。號春雨。生於島根縣。1897 年，他發起組織浪華青年文學會，其後接受基督教洗禮。1899 年，入東京專門學校英文科；1901 年，以短篇小說《無花果》獲《大阪每日新聞》徵文一等獎。1903 年大學畢業，1906 年留學美國。回國後轉向具有社會內容的戲劇創作，在大正年間發表了《剃刀》、《飯》、《井伊大老之死》等劇本，以寫實手法，揭示出明治維新以後出現的社會問題。

1913 年，中村吉藏任藝術座舞台監督，後為劇本主任，創作歷史劇和傳記劇。晚年著《日本戲劇技巧論》，是研究淨琉璃、歌舞伎腳本的論著。淨琉璃是日本傳統戲劇之一，始於室町時代中期用琵琶和扇拍子伴奏的說唱藝術，後因演出《淨琉璃姬物語》而得名。淨琉璃與能、歌舞伎並稱日本三大國劇。

■小林一三：創建寶塚劇團

小林一三（1873-1957 年），實業家。生於山梨縣菲崎市。一月三日出生，因而名為一三。十六歲時畢業於慶應義塾，入三井銀行，後赴大阪支店任職，1907 年辭職。創立箕面有馬電氣軌道（現阪急寶塚線、箕面線），1910 年電車開始運行，並開發沿線住宅。

1913 年，小林一三創建寶塚歌唱團，以女演員為主，男演員做配角。後來只有女演員，分成花、月、雪、星、宙五個演出團體，以寶塚大劇場為中心，常年演出，成為日本極具影響的音樂歌舞劇團。主劇場在兵庫縣寶塚市，2001 年於東京日比谷建成東京寶塚劇場。

1920 年，神戶線開通，改名阪神急行電鐵，通稱阪急電車。1929 年，在大阪梅田開設阪急百貨店。小林一三的構想，影響了日本各地的私鐵經營者。1940 年，小林一三出任第二次近衛內閣的商工大臣。戰後，被任命為戰災復興院總裁。

小林一三早年是個文學青年，志願成為小說家。撰有著作，並以茶道與人交流，致力於文化事業，1932 年創立東京寶塚劇場，1943 年改為東寶株式會社，簡稱東寶，經營電影產業。有《小林一三全集》七卷。

4.3 第六代尾上菊五郎：開創「菊吉」時代

1. 首獲文化勳章的歌舞伎演員

第六代尾上菊五郎（1885-1949 年），著名歌舞伎演員。堂號音羽屋，是第五代之子，原名寺島幸三；其父去世後，襲父名為第六代。他深得父親傳授的寫實風格，能夠扮演從古典劇目到新編劇目的各種角色，尤其擅演描寫江戶時代的世態劇、有心理描寫的新編歷史劇和舞蹈。

他的父親第五代尾上菊五郎（1844-1903 年），是十二代市村羽左衛門的次子、第三代尾上菊五郎的女婿，自名十三代羽左衛門、家橘，1868 年改名為菊五郎。擅演河竹默阿彌所寫的新劇，與市川團十郎齊名。作為家傳劇目，有新古劇十種。他在寫實主義的表演方法和舞蹈方面，都有個人獨到之處。

第六代尾上菊五郎於 1908 年進入市村座，與中村吉右衛門（初代）共同開創歌舞伎的菊吉時代。他還創辦日本俳優學校，培育新人才。1946 年為藝術院會員，逝世後獲文化勳章。

初代中村吉右衛門（1886-1954 年），歌舞伎演員。原名波野長次郎，堂號播磨屋。擅演歷史劇目中

的悲劇角色，年輕時與尾上菊五郎（第六代）共演於二長町的市村座，獲得好評，並稱「菊吉」，從而開創了大正、昭和年間歌舞伎的黃金時代。他在話劇方面也很活躍。1851年獲文化勳章。

2. 歌舞伎的幾個演變歷程

歌舞伎是最具代表性的日本戲曲種類。1603年，以阿國為首的出雲地區女子，在京都的舞臺上表演歌舞劇，將女猿樂和誦佛舞相結合，注重情景表現，以女扮男裝的華媚舞姿，博得民眾喜愛。

歌舞伎就是由十七世紀初的阿國歌舞伎開始的。京都的歌女及遊女們對阿國歌舞伎爭相模仿，女性穿着男裝，以龐大的陣容出現在舞台上，極具觀賞性，從而形成了女歌舞伎。幕府以其紊亂風俗、有礙教化，於1629年禁止表演。

此後，歌舞伎改由少年男子表演，稱為若眾歌舞伎，至1652年，被幕府以其表演有礙社會教化為由，加以取締。其後，演員們剃去額髮，以所謂「郎野頭」演出，稱為「野郎歌舞伎」。以高超的演技博得民眾喜愛，並開始注重劇目內容。元祿年間（1688-1703年），歌舞伎通過對「人形淨玻璃」等優點的吸取，確立了表演形式，在幕府末年達到極盛。

淨琉璃是一種用三弦伴奏的說唱曲藝，結合木偶表演就成為人形淨琉璃。江戶中期以後，被歌舞伎的興盛所掩蓋。明治以後，以大阪文樂座的演出為代表，並且流傳下來。

明治時期有代表性的歌舞伎演員，是第九代市川團十郎（1838-1903 年），擅演男主角和反派角色，兼演旦角。因其寫實主義的優良藝術風格，而被譽為「劇聖」。隨着戲劇改革，上演活歷史劇（歌舞伎狂言），在明治維新的激蕩時期，提高了歌舞伎界的社會地位。自 1893 年開始，歌舞伎的保守化、古典化持續了十年。

1903 年，第九代市川團十郎和第五代尾上菊五郎去世後，第六代尾上菊五郎與中村吉右衛門，在明治末年和大正時期維持歌舞伎界的局面。他們和後來的繼承者，傳承了今天古典歌舞伎的樣式。

【人物群像】

■第七代松本幸四郎：擅長武打和舞蹈

第七代松本幸四郎（1870-1949 年），歌舞伎演員。堂號高麗屋。他是第二代藤間勘右衛門的養子，第九代團十郎的門弟。1911 年，承襲師名為第七代松本幸四郎。一生中演出的歌舞伎劇，多達一千六百場以上。擅長武打及舞蹈，以扮演《勸進帳》中的弁慶知名於時。

■第十五代市村羽左衛門：以扮演小生著稱

第十五代市村羽左衛門（1874-1945 年），歌舞伎演員。原名市川錄太郎，前名家橘，堂號橘屋。其人容姿俊美，直至晚年仍以扮演小生著稱。

他在《忠臣藏》中，扮演田良之助、勘平、助六等。大正、昭和時期，是有代表性的名優。

■第二代市川左團次：對戲劇界作出貢獻

第二代市川左團次（1880-1940 年），歌舞伎演員。初代之子，原名高橋榮太郎。參與其父創建的明治座劇團，並與小山內薰組織自由劇場，開始新劇；又依賴岡本綺堂的劇本，共創《修禪寺物語》、《島邊山情死》等新歌舞伎，推進新歌舞伎運動。

他的父親初代市川左團次（1842-1904 年），原名高橋榮三，在創作新劇目方面開闢新境界，與九代團十郎、五代菊五郎合稱「團菊左」，並創建明治座劇團。

4.4 小山內薰：在日本首演廣播劇

1. 創立劇場試演話劇

小山內薰（1881-1928 年），小說家、戲劇家。生於廣島。1902 年入東京帝國大學英文科，在校時創作詩歌、小說和戲劇，並從事表演及劇評，1906 年畢業。次年創辦《新思潮》，參加易卜生研究會，又倡導戲劇改良。1908 年發表《給演員 D 君的信》，出版第一部評論集《演劇新潮》。

1909 年，小山內薰創立自由劇場，試演話劇。翌年創辦第二次《新思潮》。1911 至 1912 年，發表長篇小說《大川端》。故事取材於作者失戀的經歷，他先後與三個藝妓交往，結果都以分手告終，主角茫然地徘徊於大川河畔。

2. 創立廣播劇研究會

1912 年，小山內薰訪問歐洲，其間傾心於斯坦尼斯拉夫斯基和德國的戲劇理論，至 1913 年回國。1919 年，他與久米正雄等組織國民文藝會，參加戲劇改良運動。1922 年創辦《劇與評論》，介紹德國表現主義戲劇。1924 年，小山內薰和土方與志創建築地小劇

場。1925 年創立廣播劇研究會，在日本首次播演廣播劇《在煤礦坑道中》。

1927 年，小山內薰以國賓身份參加蘇聯十月革命十週年紀念活動，回國後，任《朝日新聞》戲劇評論專欄作家。他創作的劇本，主要有《第一世界》（1921年）、《兒子》（1922 年）、《西山物語》（1924 年）、《森有禮》等。有《小山內薰全集》八卷。

【人物群像】

■土方與志：戲劇活動家

土方與志（1898-1959 年），原名久敬。生於東京貴族家庭，原封號伯爵。東京帝國大學文學科畢業，師事小山內薰，參加新劇運動。1922 年赴歐洲，研究德國表現主義戲劇；曾到莫斯科學習戲劇理論，1923 年回國。

1924 年，土方與志和小山內薰等建立築地小劇場。小山內薰去世後，土方與志於 1929 年組織新築地劇團，並參加日本無產階級劇場同盟。1933 年到法國，同年參加蘇聯第一次作家大會，在大會上發言，揭露日本法西斯統治，因而被剝奪貴族稱號。

土方與志在蘇聯期間，於革命劇場演出部工作，1941 年回國後，即遭逮捕。戰後出獄，重新參加戲劇活

動。曾任前進座導演，報導《復活》、《死魂靈》等俄國作品。1957 年，作為新劇劇團團長訪問中國。著有戲劇評論集《演出者的道路》、回憶錄《那須之夜的故事》。

■久米正雄：夏目漱石的學生

久米正雄（1891-1952 年），小說家、劇作家、詩人。生於長野縣。中學時喜歡俳句，俳號三汀。1913 年入東京帝國大學英文科，翌年參與發刊第三次《新思潮》，並發表劇作《牛奶店的兄弟》，在有樂座上演後獲得好評。1915 年成為夏目漱石的學生，翌年在第四次《新思潮》發表《父親之死》，1921 年發表《不肖之子》，這兩篇小說的內容都涉及他任職小學校長的父親，因校舍失火和燒毀天皇照片而引咎自殺。

夏目漱石去世後，久米正雄與漱石長女的戀愛關係破裂，受到很大刺激，小說《失敗者》、《破船》都以自己失戀的經過為題材。1919 年，久米正雄與小山內薰等組織國民文藝會，參加戲劇改良運動，並與吉田勇、里見弴等創辦《人間》。1937 年七七事變爆發後，寫了電影劇本《白蘭之歌》，美化侵略戰爭，其後擔任日本文學報國會常務理事。戰爭結束後，任鎌倉文庫出版社社長。有《久米正雄全集》十三卷。

■山本有三：與菊池寬創立劇作家協會

山本有三（1887-1974 年），劇作家、小說家。原名勇造，生於櫔木縣。早年當過學徒。1910 年創作了劇本《坑》，描寫足尾銅礦礦工的悲慘生活。1914 年，參與復刊第三次《新思潮》。次年東京帝國大學畢業後，任劇

團編劇和導演。1917 年任早稻田大學講師。

　　1919 年，山本有三以劇本《津村教授》打響名堂，次年發表《殺嬰》、《生命之冠》，並與菊池寬等創建劇作家協會。1923 年完成《同志的人們》，描寫明治維新時期革新派與保守派之間的矛盾和衝突。此後的劇作，有《雪》、《西鄉和大久保》、《女人悲詞》、《米百袋》等。

　　山本有三的小說創作，始於 1920 年代中，《想活而能活的人》，表現了作者的理想主義。1930 年代初，《風》和《女人的一生》，反映了無產階級文化運動和社會主義思想，因而遭當局傳訊和逮捕。1941 年被選為藝術院會員，1965 年獲文化勳章。山本有三晚年致力於文字改革和國語研究。有《山本有三全集》十二卷。

4.5 富岡鐵齋：日本文人畫的集大成者

1. 比蘇軾晚八百年的「東坡同日生」

　　富岡鐵齋（1836-1924 年），著名文人畫家。名百鍊，別號鐵人、鐵史，京都人。自幼對日本國學、儒學、詩文、佛教和神道都有所涉獵。幕末時期，與勤王志士交往；維新後曾任神官，又執教於立命館。1881 年起專事作畫，過着學者和畫家的生活，不問政治，有作品逾萬件。

1919 年，富岡鐵齋曾被推為帝國美術院會員，所繪山水、人物的題材，多是中國山光水色、神話傳說，以及歷代風雅文人等。他曾反覆描繪《武陵桃源圖》和《瀛州仙境圖》。其作品融匯了日本、中國各個流派的技法和表現形式，粗獷與縝密、富麗與恬淡，和諧地交織在一起，既奔放雄健，而又渾厚自然。晚年畫作的風格，更趨放任和天真。

　　在繪畫方面，富岡鐵齋主要靠自學，認真鑽研中國明代畫家董其昌和徐渭二人的藝術風格。他很崇拜蘇軾，自稱「東坡同日生」，常以蘇軾自比，剛好晚了八百年。大約在五十歲的時候，形成了富有魅力和生氣的畫風；八十歲後創造力愈發旺盛，作品達到爐火純青的境界。其代表作有《不盡山頂全圖》、《安倍仲麻呂明州望月圖》、《群仙高會圖》、《蓬萊仙境圖》、《赤壁圖》、《孫真人山居圖》等，大多數的內容都是反映文人逸士的生活。

　　富岡鐵齋的繪畫藝術，超然卓立於明治和大正時代的潮流之外，回歸中國文人畫的精神，而以水墨畫的筆墨情趣，把日本文人畫發展到空前的水平。此外，他的書法也深受中國畫家的影響，包括鄭板橋、金農、何紹基等，還直接從甲骨文、鐘鼎文汲取營

養，拙中藏巧，怪誕多變。總的來說，富岡鐵齋是日本文人畫的集大成者。

2. 日本文人畫的發展歷程

文人畫的主要特徵，是不求形似的「寫意」性格，以中國宋元時代的水墨畫為濫觴，後經明代董其昌的論述和倡導，而成為中國畫的一大系統，又有「南宗畫」之稱。

中國宋元時代的水墨畫，隨禪宗傳入日本，為五山禪僧所接受，五山指五大禪宗寺院，五山禪僧的禪風畫作，初具文人畫的性格。江戶時代是日本文人畫形成和發展的最主要階段，其確立者是與謝蕪村（1716-1783年）和池大雅（1723-1776年），他們又都是文人畫成熟的代表畫家，作品以筆墨寫意，具有濃厚的生活情趣。

其後的田能村竹田（1777-1835年）、浦上玉堂（1745-1820年）等，有獨特的畫風；後者的水墨山水畫，較池大雅、與謝蕪村更具主觀性。而活躍於明治、大正時期的富岡鐵齋，更以其旺盛的創作力，把日本文人畫推向頂峰。

【人物群像】

■田村宗立：京都洋畫的中心人物

田村宗立（1846-1918 年），洋畫家。生於丹波國（京都府）。初學文人畫，後研究佛畫。1861 至 1864 年間，接觸到照片後，對陰影法產生濃厚的興趣。與洋畫前輩高橋由一交遊，受其啟發。

1881 至 1889 年間，田村宗立任教於京都府畫學校西宗，是京都洋畫的中心人物。1901 年，他聯絡了京都、大阪的洋畫家，創立關西美術會。

■高村光雲：木雕界的元老

高村光雲（1852-1934 年），雕刻家。本名中島光藏，因師從佛像雕刻家高村東雲，改姓高村。生於江戶（今東京）。1887 年後，長期任教於東京美術學校，畢生致力於木雕藝術，並以寫實手法使其煥然一新。

高村光雲的木雕《老猿》，將傳統的木雕技法與新的寫實技法融合起來，該作品曾在美國芝加哥國際博覽會展出，《西鄉隆盛》銅像也是他的代表作。

■小川芋錢：連載時事漫畫

小川芋錢（1868-1938 年），日本畫畫家。東京人。初學西洋畫，其後學日本畫。在《平民新聞》等報刊上連載時事漫畫，因而成名。《平民新聞》是日本社會黨平民社的機關刊物，1903 年創辦時為週刊，是反戰論者的陣地，曾多次被禁止，1905 年停刊。1907 年改為月刊，

重新發行，後來隨着日本社會黨解散而終刊。小川芋錢的作品，主要以農民生活為題材，喜歡繪畫田園風景和河童等的形象，運筆自由，風格新穎，充滿了詩情和幻想。由於繪畫的關係，曾經引起警察跟蹤。代表作有《沼四題》、《晚風》等。

■岸田劉生：創立草木社

岸田劉生（1891-1929 年），西洋畫畫家。東京人。他曾經在白馬會研究所學習西洋畫，畫風近似後期印象派和野獸派。後來受到北歐古典繪畫大師丟勒和凡・愛克等的影響，追求寫實。

1915 年，岸田劉生與木村莊八等發起創立草土社，成為該社的中心人物。岸田劉生在他的風景畫《鑿開的山路》中，細緻地描繪一草一木和褐色土地，該社因而以此命名，會員作品一反當時流行的印象派畫風，具有濃厚的寫實特點。草木社於 1922 年解散。

岸田劉生晚年對早期浮世繪和宋元繪畫發生興趣，致力於西洋畫日本化。代表作有《麗子像》等。

■竹久夢二：抒情的詩人畫家

竹久夢二（1884-1934 年），詩人、畫家。原名茂次郎。生於岡山縣。1901 年入讀東京早稻田實業學校，後輟學，從事繪畫。他的畫作，常配以富有抒情性的詩歌。1913 年出版詩畫集《星期日》，內容充滿牧歌情調。其後，竹久夢二創辦工業美術研究所。1931 年赴歐美，至 1933 年回國。

竹久夢二的詩集，有《在山野》（1911 年）、《小夜

曲》（1915 年）、《沉睡的樹》（1916 年）、《大地的小路》
（1919 年）、《歌鐘》（1919 年）、《夢鄉》（1919 年）、《綠
徑》（1921 年）等。畫集風格新穎，主要有《再見》、《孩
子的國家》、《京人形》、《櫻島》、《畫夜帶》等。

4.6 大原孫三郎：創辦大原美術館

1. 關西財界的核心人物

大原孫三郎（1880-1943 年），大正、昭和時期的
實業家。生於岡山縣，是倉敷紡織會社創始人大原孝
四郎之三男，因兩位兄長皆夭折，遂成為大原家的嗣
子，畢業於早稻田大學。1906 年繼承家業，任倉敷紡
織會社社長。他還參與籌劃其他眾多公司的經營，成
為關西財界的核心人物。

大原孫三郎根據基督教教義，提出理想主義的勞
務管理思想，於 1919 年社會運動蓬勃興起之際，出資
建立大原社會問題研究所，聚集了一批社會科學工作
者，從事工人運動研究。1920 年起，相繼出版《日本
勞動年鑑》、《日本社會事業年鑑》、《大原社會問題研
究所雜誌》等書刊。

此外，大原孫三郎還建立了大原農業研究所、大原美術館等機構。大原農業研究所的前身是 1914 年成立的大原獎農會農業研究所，首任所長是穀物學者近藤萬太郎；該機構於 1929 年改稱大原農業研究所，後併入岡山大學，現稱資源生物科學研究所。

2. 大原社會問題研究所

大原社會問題研究所是近代日本最早的民間社會科學研究機構，以科學觀點調查研究社會問題為宗旨。初時設於大阪，其後遷至東京。首任社長是高野岩三郎，成員包括櫛田民藏、森戶辰男、大內兵衛、細川嘉六、笠信太郎等。

1949 年，大原社會問題研究所一度合併於法政大學，次年恢復獨立。《日本勞動年鑑》是該研究所的定期出版物，對日本的社會科學研究頗有貢獻。現為法政大學所屬研究機構，設於多摩校區，有專門圖書館和資料館。

3. 大原美術館

大原孫三郎創立了倉敷紡絲，又開始廣泛收藏西洋美術品，於 1930 年成立大原美術館，位於岡山縣倉敷市。該館的建築令人想到希臘神殿，十分引人注

目。1961 年成立的分館，則陳列現代作品。

倉敷原是江戶時代一個典型的商業城鎮，倉敷商人到大阪學商法，到京都學風雅，既懂得商法又懂得風雅，是倉敷商人的最高理想。現時倉敷是西日本僅次於大阪市的主要工業城市，也是一座花園城市。

大原美術館的正對面，是大原孫三郎的故居，已有約二百年歷史，乃典型的木造倉敷屋舍，現已列為國家重要文化財產，但不開放供人參觀。

【人物群像】

■大內兵衛：社會黨左派理論家

大內兵衛（1888-1980 年），經濟學家。兵庫縣人。1913 年畢業於東京帝國大學法科大學經濟學科，一度在大藏省任職。1919 年任東京帝國大學副教授，主講財政學。次年受森戶事件牽連，因而退職。

森戶事件是壓制學術研究和言論自由的事件。1920年，東京帝國大學副教授森戶辰男在經濟學部機關誌《經濟學研究》的創刊號上，發表題為「克魯泡特全社會思想研究」的論文，校內以上杉慎吉為首的國家主義團體興國同志會，認為該文宣傳危險思想，策動官方以違反《報刊法》、擾亂朝憲罪名，對森戶辰男及雜誌編

輯兼發行人大內兵衛提出起訴，引起東大學生等進步知識份子強烈抗議。審判結果，森戶辰男監禁三個月，罰款七十元；大內兵衛監禁一個月，緩期執行一年，罰款二十元。1921 年，大內兵衛到德國留學；1923 年回國，任東京帝國大學教授。1938 年，因教授集團事件被捕而辭職。

戰爭結束後，大內兵衛復職，並任內閣統計委員會委員長、社會保障制度審議會會長，至 1949 年退休。1950 年任法政大學校長，同年參加創立社會主義協會。1967 年，大內兵衛與向阪逸郎重建該會，並任代表，對社會黨左派的理論影響很大。有《大內兵衛著作集》十二卷。

■笠信太郎：記者和評論家

笠信太郎（1900-1967 年），福岡縣人。1925 年東京商科大學（現一橋大學）畢業。1928 年入大原社會問題研究所，參加編輯《日本勞動年鑒》等。1936 年入朝日新聞社，擔任該報的論說委員；1940 年被派赴歐洲考察，及從事報導工作。

戰後，笠信太郎主持《朝日新聞》的評論工作近二十年，特別是從簽訂和約到安保運動期間，他在社會輿論方面發揮了很大影響。著有《對事物的看法》、《日本經濟的再編成》、《新歐洲》等。

■柳宗悅：民藝運動的指導者

柳宗悅（1889-1969 年），民間藝術研究者、美術史家、宗教哲學家。他在學習院就讀期間，曾參加創辦

《白樺》雜誌。1913 年東京帝國大學畢業後，開始注意民間手工藝，致力於研究朝鮮和日本的美術工藝品如陶器等，並向海外介紹日本文化。

1926 年，柳宗悅與富本憲吉、濱田莊司、河井憲次郎發表《日本民藝美術館設立趣意書》，同時開始收集民藝品。1936 年，他與大原孫三郎等創設日本民藝館。在民藝的推廣和普及方面，立下了很大功勞。戰後致力於宗教研究，關心佛教美術；與此同時，還提倡獨自的美學。有《柳宗悅選集》十卷。著《民藝四十年》，1958 年出版。

柳宗悅之妻柳兼子（1892-1984）為聲樂家，國立音樂大學教授，1972 年為藝術院會員，1976 年八十三歲時開獨唱會。熱門歌曲有《荒城之月》、《小倉百人一首》等，被譽為「聲樂之母」和「民藝之母」。

第五章

學術與文化

從明治後期開始，中經大正時代，以至昭和初期，日本在文學、史學、哲學和人文、社會學科各方面，都出現了一批著名學者，他們於各自的學術領域中，均有卓越的成就。自然科學界亦人才輩出，對日本以至人類社會作出了貢獻。

近代日本學人聞名於中國的，有青木正兒、藤田豐八，內山書店主人內山完造與中國文化界的往還，亦常為人所津津樂道。日本重要的出版社，如講談社、平凡社、岩波書店等，均創立於大正時期，為這個只有十四五年的時代增添了文化色彩。

明治時期創刊的《中央公論》，以其民主主義主張傲視同群；大正年間創辦的《改造》則隨着社會主義興起而漸次急進，終於形成《改造》與《中央公論》並稱兩大綜合雜誌的局面。由於大正前期的社會發展較為順暢，以一般大眾為對象的啟蒙報刊和娛樂雜誌十分盛行，講談社的《雄辯》、《講談俱樂部》、《面白俱樂部》（有趣俱樂部）、《現代》等都是顯著的例子；該社專為青少年而設的刊物，計有《少年俱樂部》、《少女俱樂部》和《幼年俱樂部》。1922 年小學館創立後，出版《小學五年生》、《小學六年生》，其後甚至成功發展為各年級的學習雜誌，以特定讀者為對象及分門別類的傳統持續至現代。

表六　大正時期主要刊物

創刊年份	刊物名稱	說明
1899	《中央公論》	月刊，綜合雜誌，鼓吹民本主義。
1914	《少年俱樂部》	月刊，講談社會創辦，以兒童為對象。
1917	《主婦之友》	以主婦為對象，提供日常生活話題。
1918	《赤鳥》	鈴木三重吉創辦，是兒童雜誌。
1919	《改造》	月刊，綜合雜誌，山本實彥創辦。
1921	《種蒔人》	意即「播種人」，小牧近江創辦。
1923	《文藝春秋》	月刊，以菊池寬為主力創辦的雜誌。
1924	《文藝戰線》	金子洋文等創辦，以重振無產階級文學運動為目的。
1925	《KING》	大眾雜誌，講談社創辦，兩年後銷量達到一百萬冊。

5.1 青木正兒：中國文學研究家

1. 愛好元曲的學者

青木正兒（1887-1964 年），字群雅，號迷陽。自幼愛好書畫和音樂，1908 年入京都帝國大學新設的支那文學講座，是第一期學生；1911 年畢業，畢業論文是《元曲之研究》。同年，擔任日本武德專門學校教授。

1919 年，青木正兒任同志社大學教授；翌年出版《金冬心之藝術》，是他最早的單行本著作。金冬心即金農，是清代畫壇揚州八怪之一。青木正兒與本田成之等創辦《支那學》雜誌，發表〈石濤之畫和畫論〉、〈徐青藤之藝術〉等；又撰文介紹中國五四文學和魯迅，並赴中國研究南畫。

1923 年，青木正兒調任仙臺東北帝國大學；1925 至 1926 年間到中國研究戲曲，1930 年出版《中國近世戲曲史》。1932 年參加岩波講座，主編《文學思潮》。在此前後，出版了《支那文學思想史》及《清代文學評論史》。

2. 京都帝國大學教授

1935 年，青木正兒獲文學博士學位。1938 年，任京都帝國大學教授，與東方文化研究所共同校注《元曲》，成為京都學派中國學極具影響力的學者。1947年從京大退休後，1949 年任山口大學教授；1957 年任立命館大學教授，1964 年在該校研究院講授《文心雕龍》，下課後在走廊暈倒逝世，終年七十八歲。

青木正兒一生致力於中國文學藝術研究，與王國維、胡適等有交往。著作《元人雜劇序說》、《支那文學概說》、《支那文學藝術考》等，編為《青木正兒全集》十卷。他的著作甚受中國學者王國維、魯迅等所重視，很多都有中譯本。

3. 青木著作的中譯本

青木正兒著手從事清代文學思想研究，始於 1922年在同志社大學任教時。1943 年，他的《支那文學思想史》由東京岩波書店出版，此書分為兩部分：內篇包括〈上世實用娛樂時代〉、〈中世文藝至上時代〉和〈近世倣古的低徊時代〉；外篇包括中國文藝與倫理思想、周漢的音樂思想、周代的美術思想、道家的文藝思潮、清談、詩文書畫論的虛實之理等專文。

1950 年，青木正兒撰寫了《清代文學評論史》，

以補前著的不足，仍由岩波書店出版。此書共有十章，依次為〈清代的反擬古運動〉、〈清初尊唐派的詩說〉、〈神韻說的提倡和宋元詩的流行〉、〈清初唐宋八家文的流行〉、〈詩壇上自成一家思想的抬頭〉、〈格調與性靈兩詩說的對立〉、〈神韻‧格調‧性靈三詩說的餘波〉、〈中期以後的桐城派及其他文說〉、〈填詞評論〉及〈戲曲評論〉。此書由陳淑女譯成中文，台灣開明書店 1969 年出版。

　　青木正兒的著作被譯成中文的，還有《中國古代文藝思潮論》（王俊瑜譯）、《中國近世戲曲史》（有王古魯、鄭震兩個譯本）、《中國文學概說》（隋樹森譯）、《元人雜劇序說》（隋樹森譯）等，對中國學界很有影響。

【人物群像】

■藤田豐八：著名的漢學家

　　藤田豐八（1869-1928 年），歷史學家、文學博士。號劍峰。生於德島縣。1895 年帝國大學文科漢語專業畢業後，在早稻田大學、東洋大學任教。次年與人合辦東

亞學院，創刊《江湖文學》；1897 年停辦，著《支那文學大綱》。

接着，藤田豐八應羅振玉所創上海農學報館之聘，到上海為《回報》執筆；1898 年與羅振玉共創東文學社，一面教中國學生日文，一面翻譯關於中國的日文新書。1905 年，藤田豐八任蘇州師範學堂教習；1908 年，任北京大學總教習。

藤田豐八於 1912 年回國，任早稻田大學、東京帝國大學教授；後任台北帝國大學文政學部長，在任內去世。著有《慧超往五天竺國箋釋》、《島夷志略校注》、《東西交涉史研究》等，在東西方交通史方面卓有成就。

■三浦周行：信奉皇國史觀

三浦周行（1871-1921 年），歷史學家、法學博士。1893 年帝國大學畢業，1895 年入該校史料編纂掛，歷任編纂助員、編纂員、編纂官。1908 年任京都帝國大學講師，次年升教授。

1922 年，三浦周行留學歐美，從事日本史、日本法制史研究。著有《法制史研究》、《續法制史研究》、《日本史研究》。信奉國體史觀，即皇國史觀，是以維護天皇制統治為宗旨的一種歷史觀，淵源於日本國學和神道。明治政府曾經大力提倡，並於中、小學教育中強制灌輸，第二次世界大戰前，在日本佔有統治性的地位。聲稱天皇是神的子孫，日本是神國。第二次世界大戰期間，以平泉澄為代表，與軍國主義勢力相呼應，為侵略戰爭製造輿論。戰爭結束後，皇國史觀受到譴責和批判。

■喜田貞吉：開闢史學新領域

喜田貞吉（1871-1939 年），歷史學家、文學博士，德島縣人。1896 年帝國大學史學科畢業。1899 年組織日本歷史地理研究會，出版《歷史地理》期刊。1901 年任文部省編修，編纂國定教科書《小學日本歷史》。1911 年，他因不論主次並列記載南北朝，受到責難，並被免職。

1919 年，喜田貞吉創辦《民族與歷史》期刊。後任京都、東北等帝國大學講師、教授，調查遺物、遺蹟和民間習俗，運用考古學、民俗學方法研究古史，開闢了民眾史、社會史等新領域。有《喜田貞吉著作集》十四卷。

■內田銀藏：確立日本經濟史學

內田銀藏（1872-1919 年），歷史學家、文學博士。東京人。1896 年帝國大學國史學科畢業。1899 年任東京帝國大學講師，講授日本經濟史。1903 至 1906 年留學歐洲，攻讀歷史學和經濟史學。1907 年任京都帝國大學教授。

內田銀藏以嚴密的史料考證和比較經濟史觀研究日本經濟史，開創並確立了日本經濟史學。著有《日本近世史》、《日本經濟史》、《經濟史總論》。

■吉田東伍：編《大日本地名辭書》

吉田東伍（1864-1918 年），歷史學家、文學博士。新潟縣人。做過小學教員和新聞記者，自學成名，1893 年著《日韓古史斷》和《德川政教考》，奠定其學者地位。1901 年任東京專門學校講師，後為早稻田大學教授。

1900 至 1907 年間，吉田東伍獨力編成《大日本地名辭書》十一卷，是一部巨著；1909 年校注《能樂古典世阿彌十六部集》，對文藝史研究作出了貢獻。其他著作，有《維新史八講》、《倒敍日本史》等。

■辻善之助：日本佛教史學家

　　辻善之助（1877-1955 年），歷史學家。兵庫縣人。東京帝國大學日本史科畢業，1909 年以研究佛教史獲文學博士。1923 年任東京帝國大學教授，1929 年升為史料編纂所首任所長。

　　1932 年，辻善之助被選為帝國學士院會員。1938 年退職，為名譽教授。曾任日本文物專門審議會會長。1952 年獲文化勳章。著有《日本佛教史的研究》、《增訂海外交通史話》、《日本文化史》七卷和《日本佛教史》十卷。

5.2 柳田國男：日本民俗學的先驅

1. 出身和生平事跡

　　柳田國男（1875-1962 年），詩人、民俗學家。生於兵庫縣。舊姓松岡，1904 年改姓柳田，筆名赤松國祐、川村香樹、久米長目等。1890 年到東京，師事桂園派歌人松浦辰男。他年輕時曾與田山花袋、島崎藤

村、國木田獨步等交往，以新體詩人知名於時。

1900 年，柳田國男畢業於東京帝國大學法學部政治科。入農商務省工作，歷任法政局、宮內省官吏；1914 年任貴族院書記長官，至 1919 年辭去官職。1921 至 1923 年間，任國際聯盟委任統治委員會委員，在日內瓦居住。

2. 從事民俗學研究

1924 至 1932 年，柳田國男任《朝日新聞》評論員。此後埋首從事民俗學研究。他自青年時代已對民間傳說頗感興趣，很早就周遊全國，1909 年出版《後狩詞記》，被譽為日本民俗學的先驅。

柳田國男於 1935 年創立民間傳承會，1947 年成立民俗學研究所，1949 年創辦日本民俗學會，對學界影響頗大。1951 年獲文化勳章。主要著作有《都市與農村》、《明治大正史世相篇》、《口承文藝大意》、《方言備忘錄》等，總共有一百多部，編為《柳田國男集》三十一卷、附錄五卷。

1962 年，以柳田國男的稿費和版稅作為基金，成立柳田國男獎，每年評獎，獎金為五十萬日元。這個獎是為紀念柳田國男的貢獻，以振興日本民俗學為宗旨。

■折口信夫：古典文學和民俗學家

折口信夫（1887-1953年），別名釋迢空。生於大阪。自幼酷愛古典文學和短歌。1905年入國學院大學國文科。1909年參加根岸短歌會，同年在《阿羅羅木》雜誌發表旋頭歌《秋風往來》七首。1910年大學畢業，翌年在大阪府立今宮中學任教。1913年在《鄉土研究》雜誌發表《三鄉巷談》一文，為柳田國男賞識，遂以柳田為師，從事民俗學研究，並運用民俗學研究古典文學。1922年任國學院大學教授，主講文學史和古典文學。1924年成為《日光》雜誌同人，翌年出版第一部歌集《海山之間》。

昭和初年，折口信夫於1928年任慶應義塾大學國文科主任，主講日本文學史、日本藝術史等科目。所講內容，在他逝世之後，由學生加以整理而成《日本文學史筆記》和《日本藝術史筆記》兩種，於1957年出版。1929年，折口信夫發表《古代研究》三卷，總結大正以後古典文學、民俗學研究的成果。第二次世界大戰結束後，主要寫詩歌和戲劇評論。1947年發表詩歌集《懷舊集》，獲日本藝術院獎。

折口信夫的作品，還有歌集《報春》（1930年）、《大和少年》（1955年），詩集《近代感傷集》（1952年）、《現代襤褸集》（1956年），以及富於浪漫主義色彩的中篇小說《死者之書》（1939年）等。1954至1974年，中央公論社出版了《折口信夫全集》五十卷。

■櫛田民藏：馬克思主義經濟學家

櫛田民藏（1885-1934 年），福島縣人。京都帝國大學畢業。歷任《大阪朝日新聞》社論記者，同志社大學法學部教授、部長，東京帝國大學經濟學部講師。1920年因譯載《共產黨宣言》第三章，受右派攻擊，轉入大原社會問題研究所。

1921 至 1922 年，櫛田民藏留學德國。回國後潛心研究馬克思主義經濟學，在勞動價值論、地租論、唯物史觀、日本農業問題等方面都有造詣。1927 年後參加日本資本主義論爭，支持勞農派。著有《櫛田民藏全集》。

■高田早苗：早稻田大學校長

高田早苗（1860-1938 年），教育家、政治家。號半峰。生於東京。1882 年畢業於帝國大學文學部，為大隈重信所賞識，參與創辦東京專門學校（後來改稱早稻田大學），擔任講師，主講政治學和憲法。

高田早苗又與小野梓一起，參與創立立憲改進黨，1890 年起，六次當選眾議院議員。1897 年任第二屆松方內閣外務省通商局長，次年任大隈內閣文部省專門學務局長。1900 年後，歷任東京專門學校學監、早稻田大學學監和校長，繼大隈重信之後，致力於開拓私立大學的發展。

1915 年，高田早苗任第二屆大隈內閣文部大臣和教育調查總裁，並致力於推進《大學令》的制訂。同年被敕選為貴族院議員。1928 年成為學士院會員。

5.3 南方熊楠：世界著名的民間學者

1. 熱愛考察動植物

南方熊楠（1867-1941 年），生物學家。生於和歌山縣。1879 年入讀第一高等學校，中途退學，1884 年入東京大學預備門，赴美國密芝根州立農學校（蘭辛大學）留學，不久又中途退學，在中南美漂泊，學會英、法、德語，並對大量動植物進行了考察。

1891 年，南方熊楠赴英國，獲倫敦學會「懸賞論文」第一名，並被任命為大英博物館東洋調查部研究人員。在英國期間，曾與孫中山有交往。孫中山把《原君原臣》、《紅十字會救傷第一法》這兩部書送給他，並贈言「海外逢知音」。

2. 收集菌類和蘚苔類植物

1900 年，南方熊楠回國，1904 年定居於和歌山縣田邊，以民間學者終其一生。1906 年，與 雞神社宮司田村宗造之女松枝結婚。1916 年起住在田邊中屋敷町，直至去世。他在自宅的柿木採集了珍貴的粘菌，1921 年被大英博物館的粘菌學者認定為新屬新種。他採集世界各地的菌類和蘚苔類植物，多達四千五百

種，並且發現了七十種新的粘菌種類，成為世界著名學者。

他在民俗學方面，發表了七百五十篇論文。有《南方熊楠全集》十卷、別卷二卷，包括《南方閒話》、《南方隨筆》、《十二支考》等主要著作。

3. 南方熊楠與孫中山

南方熊楠與孫中山是 1897 年在大英博物館認識的，為他倆互相引見的人，是該館東洋圖書館主任道格拉斯（R.K. Douglas），他同時也是一位中國研究專家。據說，當時孫中山問南方熊楠，他的人生目的是甚麼，南方熊楠回答說：「但願我們東方人一舉將西洋人悉數逐出國境之外。」二人意氣相投，在此後的三個月裏增進了認識。

孫中山離開倫敦後，二人作為革命家和學者，分別走上不同的道路，三年後才在日本有重逢的機會。孫中山流亡到橫濱，南方熊楠返回故鄉和歌山，二人多次互通音問，1901 年孫中山到和歌山與他見面，短短兩日間的聚會，重溫了彼此在倫敦相處時的友誼。

其後二人沒有再見過面，他們之間的書信往來，也在和歌山會晤約半年後中斷了。孫中山去世後，南方熊楠感歎地說：「人的交往亦有季節。」他對這位四

處奔波的友人的思念，綴述於多篇文章之中，曾在日記中記道：「夢見孫中山乘車來到好像是大英博物館的地方。」

　　日本神戶市的孫中山記念館，為了紀念孫中山誕生一百四十周年，舉辦了孫文與南方熊楠特別展，主題是「海外逢知音」。孫文記念館館長狹間直樹指出：「曾主修醫學的孫中山與博物學者南方熊楠，不僅僅是就地衣類標本商討把玩，在學問上互助互學的朋友。他們還是寄懷東洋復興的同志。在十九世紀末的傳統帝國主義全盛時期，中日兩國的前輩能夠如此堅固的團結在一起，是一件非常值得自豪的事情。我衷心期望在今後的中日兩國人民中也能夠建立起類似這種心意相通似的互相理解的關係。」

【人物群像】

■古市公威：土木工學家

　　古市公威（1854-1934 年），生於江戶（今東京）。1869 年入開成所，次年入大南學校習法語。1875 年赴法國巴黎理科大學進修，1880 年返國，在內務省土木局任

職，從事河川改修工程。1886 年任帝國大學工科大學教授兼校長，1888 年獲工學博士。

與此同時，古市公威在內務省兼職。1894 年任土木技術監督，成為土木工程行政上最高的指導者、決策者。1903 年，在日俄戰爭爆發前，他作為京釜鐵道股份公司總裁，指導鋪設京釜鐵道。1915 年，任土木學會首屆會長；1917 至 1921 年，任理化學研究所所長。1920 年任學術研究會議首屆會長，1929 年任萬國工業會議會長。

■高峰讓吉：應用化學家

高峰讓吉（1854-1922 年），生於石川縣。1879 年工部大學（東京帝國大學工學部前身）應用化學科畢業。1880 至 1883 年，工部省派他到英國留學；回國後在農商務省任職，從事造紙和造酒的調查。1884 年到美國出差，一度入美籍。回國後任專利局副局長，至 1887 年辭職。1888 年，創設人造肥料公司。

1890 年，高峰讓吉赴美國，在紐約設立高峰化學研究所。1901 年，從牛的腎上腺成功分離出腎上腺激素；1909 年，試製出高澱粉酶。其後，又創立國民科學研究所（理化學研究所的前身）。1912 年獲學士院獎。他對推進應用化學和化學工業的發展，作出了很大貢獻。後來在紐約去世。

■本多光太郎：世界級鋼鐵學權威

本多光太郎（1870-1954 年），物理學家、冶金學家。生於愛知縣，1897 年畢業於東京帝國大學物理學科，在長岡半太郎指導下研究磁性學。1907 年赴德國，學習冶

金學。1911 年任東北帝國大學教授,研究物理冶金學,並接受住友財閥的資助,進行實驗。1917 年發明強力磁性鋼,命名為 KS 鋼,KS 是住友吉左衛門的羅馬拼音縮寫。

1919 年,本多光太郎創立鐵鋼研究所,並任首屆社長。1922 年任金屬材料研究所所長,該研究所是在鐵鋼研究所的基礎上發展起來的。1931 年,任東北帝國大學校長。1933 年發明新 KS 鋼,為世界所注目。1937 年獲第一屆文化勳章,著有《物理學通論》、《物質的磁性》等。戰後,任東京理科大學校長。

■高木貞治:世界著名的數學家

高木貞治(1875-1960 年),生於岐阜縣。東京帝國大學數學科畢業,留學德國。1903 年獲理學博士回國後任東京帝國大學教授,至 1936 年,其間致力於研究數理理論中的類體論,1920 年發表《關於相對阿貝爾體理論》,推進了現代整體論的研究,成為世界著名學者。

高木貞治於 1940 年獲文化勳章,是日本第一個數學家得此榮銜。主要著作有《解析概論》、《代數中的整數理論》等。

■八木秀次:發明八木天線

八木秀次(1886-1976 年),電信學者。生於大阪,1909 年畢業於東京帝國大學工學部電工學科,1910 年任仙台高等學校教授。1913 至 1916 年,留學德、英、美三國。1919 年任東北帝國大學教授,發表《短波長電波的發生》,與宇田新太郎共同發明八木天線。第二次世界

大戰期間，此天線構造曾被英軍雷達利用。

1931 年，八木秀次調任大阪帝國大學，創設理學部。1942 至 1944 年，任東京帝國大學校長。1944 年，任技術院總裁。1946 年任大阪帝大校長，同年被剝奪擔任公職權利。戰後，八木秀次與日本社會黨接近，1951 年任民主社會主義聯盟會長。1952 至 1960 年間，任八木天線會社社長。1953 年當選參議員，1956 年獲文化勳章。

■片山東熊：營建赤坂離宮

片山東熊（1853-1917 年），建築家。畢業於工部大學校，經工部省、大藏省等部門後，進入宮內省，負責宮廷建築。他設計的赤坂離宮，屬於正規的西洋建築。

赤坂離宮的建築，1872 年由紀州德川家獻上。1873 至 1889 年，作為假皇居；其後成為東宮御所，大正天皇在皇太子時代居住於此。1908 年改為營造二層石造宮殿。大正後期昭和天皇以皇太子身份任攝政時代，在此處理政務。1928 年復稱赤坂離宮。戰後於 1974 年作為迎賓館，即現時的赤坂迎賓館。

■辰野金吾：設計東京車站

辰野金吾（1854-1919 年），建築學者、工學博士。生於唐津藩（今佐賀縣）藩士松倉家，出嗣辰野家。在工科大學校造家學科跟隨英國教師孔德（J. Conder）學習，1879 年畢業後赴英國留學。1883 年回國，翌年在母校任教授，至 1902 年。該校是東京大學工科前身。

辰野金吾退休後，創立辰野葛西建築工程所。他設計的建築，包括日本銀行總行、東京車站等，對推廣西

式建築技術，作出了很大貢獻。日本銀行是國家中央銀行，東京車站是日本最大的車站。

■安田善次郎：創立多家銀行

安田善次郎（1838-1921年），實業家。生於越中（今富山縣）。1864年在江戶開設匯兌店安田屋，經營錢莊業；幕末維新時，乘亂購入大量太政官札，獲得巨利。1874年成為司法省「為替方」，即兌換機構。

1876年，安田善次郎與川崎八郎左衛門創建第三國立銀行，又創立第四十一國立銀行和安田銀行。其後致力於地方銀行的合併，以1912年設立的保善社為核心，從而形成安田財閥，被稱為金融財閥，是戰前四大財閥之一。

1879年起，安田善次郎先後擔任東京府會議員、東京市會議員，並且是橫濱正金銀行、日本銀行、臺灣銀行創立委員和日本銀行的理事。晚年捐款建立日比谷公會堂、東京大學安田講堂。1921年被國粹主義分子暗殺。

5.4 內山完造：上海內山書店主人

1. 致力中日文化交流

內山完造（1885-1959年），岡山縣人。基督教徒。1913至中國，1917年在上海創辦內山書店，直至

日本戰敗才結束營業。他致力於中日文化交流和中日友好活動，與魯迅是好友，曾掩護過魯迅一家，與郭沫若、田漢、郁達夫等文化界人士亦有密切交往。

1947 年，內山完造回到東京，仍然經營內山書店。他為促進中日友好，1949 年任中日貿易促進會常任理事，多次訪問中國。1959 年應邀到中國就醫，在北京病逝，安葬於上海萬國公墓。著有《一個日本人的中國觀》、《上海漫語》、《平均有錢》、《花甲錄》等。

2. 創辦內山書店

內山完造夫婦在上海北四川路魏盛里的內山書店，初時只是樓下一個鋪十二塊日本席大小的木板房間，用啤酒箱的蓋子隔成兩檔擺在桌子上做書架，銷售基督教書籍，進而售賣一般書籍。

後來，他買下鄰居的房子，把書店擴大了兩倍。由於內山完造與中日兩國知識分子的交往日益頻繁，他的工作重點由宣傳參天堂的「大學眼藥」轉到以內山書店為基地的文化活動方面，就這樣，書店意外地起到中日文化交流的橋樑作用。

1920 年 5 月 1 日，中日兩國首次慶祝國際勞動節。當時大日本勞動總同盟友愛會會長鈴木文治在赴歐途中停留上海，內山完造帶他到五一勞動節的會

場，並安排他在開幕式上作首席演講。這年夏天，內山完造提議上海基督教青年會舉辦夏季文化講座，並委託吉野作造推薦三位大學教授講課。

第一次講座時，森本厚吉講了經濟學，成瀨無極講了文學，賀川豐彥講最新社會學。擔任第二次講座講師的，有齋藤勇、永井潛、片上伸、福田德三、本間久雄、吉野作造等。1931 年，內山完造與佛教和基督教禮拜堂學校聯絡，成立「上海童話協會」，逢星期日舉辦講故事會。

3. 魯迅與內山完造

1927 年，魯迅從廣東遷居上海，與內山完造在內山書店相會，自此結下了長達十年的友誼。魯迅成為內山完造的「家庭教師」，內山在向魯迅學習的同時，又作為他可信賴的朋友和支持者，曾多次保護和拯救魯迅夫婦於危難之中。日本作家增田涉說，像內山完造這樣的人是魯迅晚年最親密的朋友。

1935 年，東京學藝書院出版了內山完造的隨筆集《活生生的中國》，魯迅為這本書寫序言，內山說這是「天下最好的饋贈」。魯迅在序中說，日本人不是為了正確地認識事實，才進行調查研究，而是喜歡先下結論的一個民族。內山是在中國生活二十年以上的日本

人，「到各處去旅行，接觸了各階級的人們的，所以來寫這樣的漫文，我認為實在是適當的人物。」要說這本書的缺點，它就在於過分地讚揚了中國，但是它還沒有下「結論」，不失為漫談，總算還好的。魯迅指出，此書有多說中國優點的傾向，這是和他的意見相反的。

內山完造在 1948 年出版的《三分答辯》中，談到魯迅這篇序文時認為：「我不是只揀中國的優點和長處談，而是寫了日本不大了解的事或從沒有向日本介紹過的事。」

小澤正元著，趙寶智、吳德烈譯《內山完造傳》（天津：百花文藝出版社，1983 年），從大阪、京都時代和內陸、上海時代到日中友好時代三個階段介紹了這位內山書店主人的生平，著者稱內山完造為「偉大庶民」。

1990 年，上海中國科技圖書公司與東京內山書店合作，在上海福州路一角開設內山書店圖書專柜，經營日本出版的中國題材書籍。

【人物群像】

■野間清治：創辦講談社

野間清治（1878-1938年），出版家。群馬縣出生，1902年畢業於東京帝國大學臨時教員養成所，其後擔任沖繩中學教諭和縣視學，東京帝國大學法科首席書記。1909年在校內創立大日本雄辯會，翌年匯集教授講稿創刊《雄辯》。

1911年，野間清治創辦講談社，刊行多種雜誌，計有《講談俱樂部》、《少年俱樂部》、《趣味俱樂部》、《婦人俱樂部》、《少女俱樂部》、《幼年俱樂部》、《現代》、《KING》等。從青少年讀物發展到成人教育圖書，進而擴展到文學藝術及多個門類。講談社成功地印證了「既有趣，又有用」的編輯方針，因而贏得「雜誌王國」的美名。書籍方面的出版也頗為可觀，包括辭典等工具書。

1930年，野間清治任報知新聞社社長。此外，他還經營過礦山、唱片公司等。著有隨筆集《談體驗》（1930年）、《繁榮之路》（1932年）、《世間雜話》（1936年），及自傳《我的半生》（1936年）等。他和講談社在大眾文化方面作出了很大貢獻。

■佐藤義亮：創建新潮社

佐藤義亮（1878-1951年），出版家。原名儀助，筆名橘香、妖堂、浩堂。秋田縣出生，曾入秋田師範學校學習。1895年到東京，翌年創建新聲社，刊行《新聲》雜誌，發表文藝和時事評論。新聲社曾出版田岡嶺雲的

《嶺雲搖曳》、田山花袋的《故鄉》和《紅月叢書》等。1903年，因經營不力而將新聲社出讓。

1904年，佐藤義亮創建新潮社，創辦《新潮》雜誌，後又相繼發行《新文壇》、《婦人之國》、《日本詩人》、《文學時代》、《小說新潮》和《藝術新潮》等幾種刊物。新潮社出版過多種叢書和著名作家的全集，成為日本最大的出版社之一。大正初年開始刊行文庫版「代表的名作集」，在大正時期共出了四十四種；夏目漱石的《少爺》，印了一百七十二版。1946年，佐藤義亮將社長之職讓給他的長子佐藤義夫。

■下中彌三郎：創建平凡社

下中彌三郎（1878-1961年），出版家。號芳岳。生於兵庫縣。幼年喪父，小學三年級起兼做陶器助學，其後當過小學教員。1902年到東京，任《婦女新聞》、《兒童新聞》等報編輯。1911年任埼玉師範學校教師。

1914年，下中彌三郎為出版《新成語辭典》，創建平凡社，1925年後，專事出版業。第二次世界大戰期間，倡建東亞建設國民同盟，參加大政翼贊會。戰後重建平凡社，擔任日本書籍出版協會首任會長。

平凡社以編輯出版簡易百科全書《呀！真方便》為起點，正式從事以百科全書為主的出版活動。其後，出版了《大西鄉全集》和《尾崎行雄全集》。1927年出版日本最早的廉價多卷本《現代大眾文學全集》（六十卷）及《世界美術全集》（三十六卷）。第二次世界大戰後，出版《新世界大百科事典》。

■岩波茂雄：創建岩波書店

岩波茂雄（1881-1946），出版家。長野縣出生，1908 年畢業於東京帝國大學哲學科。1913 年，他在東京神田區開設岩波書店，經常舊書業務，其後轉為出版新書。次年，岩波茂雄出版了夏目漱石的中篇小說《心》；夏目漱石作品之外，《哲學叢書》也是岩波書店出版的原點。其後岩波茂雄主持出版《岩波文庫》、《岩波全書》、《岩波新書》等，促進了文化普及。

岩波書店出版的作家全集，有《夏目漱石全集》、《森鷗外全集》、《芥川龍之介全集》等；又有《理化學辭典》等工具書和《岩波講座・世界思潮》、《日本資本主義發達史講座》等叢書，業績非常顯著。1946 年，岩波茂雄獲文化勳章。以教養主義和文化主義的立場，確立了他在出版界的獨特地位。1946 年獲文化勳章。

時至今日，岩波書店仍以《岩波文庫》最負盛名，包羅甚廣，當中有不少名著。大型辭書如《廣辭苑》、《國語辭典》等，均具有權威性。此外，還出版綜合性月刊《世界》等。

結語：大正時代日本世相

　　大正日本以大正政變為開端，第三次桂太郎內閣在群眾壓力下倒台，第一次護憲運動達於高峰。第一次世界大戰爆發後，日本參戰，向德國宣戰，因工業發達而出現了「大戰景氣」，日本由明治時期的入超變成出超。

　　俄國爆發十月革命，成立歷史上最早的社會主義國家，日本出兵西伯利亞，意圖干涉。對中國則提出「二十一條」，其後在東北製造中日兩軍衝突的鄭家屯事件，1919 年設置關東廳和關東軍。同年，朝鮮三一運動和中國五四運動相繼爆發。

　　大正時代面臨巨大天災人禍。1917 年 9 月 30 日，東日本大風雪，死者及下落不明達一千三百人。1918 年 7 月 23 日，富山縣魚津町發生米騷動，這次因出兵西伯利亞導致米價暴漲而激起的全國性示威暴動，波及名古屋、京都、大阪、神戶、東京等三十六個市、一百二十九個町和一百四十五條村，參加者超過七十萬人，逼使寺內內閣倒台，並為工農群眾運動的發展奠下了基礎。西方列強於一戰後恢復生產力，

使日本出現戰後恐慌，1920 年 3 月股價暴跌，紡織業和製絲業陷入困境。

1923 年 9 月 1 日，日本發生七點九級大地震，震央在相模灣西北部，波及關東一府六縣和山梨、靜岡地區。十四萬人死亡或失蹤，三百四十萬人受災，有七十萬戶房屋被毀和破壞，損失達六十五億日元。關東大地震提早宣告大正時代結束，當局為擺脫震災危機，頒佈了戒嚴令、暴利取締令、延期支付令、震災期票貼現補償令等，帶來許多後遺症，成為 1927 年金融危機的原因之一。昭和前期，日本終於走上向外侵略和發動戰爭之路。

不過，大正民主主義運動和種種文化事業，雖一時受到重大妨礙，但並未從此徹底消失。戰時仍在艱難的境況下力求延續，且於戰後得到更大的傳承和發展。大正時代雖短，其積極影響是頗為深遠的。

總的來說，把大正日本視為中間時代或過渡時期，固然說明了部分的真相，但不能因此忽略了大正日本所具備的獨特性：既使明治維新的優點和欠憾都頤露出來，而又表現出大正時代的多元發展傾向。這一特質發揮了承上啟下而又反撥的作用，把明治、大正、昭和三個時期緊密地聯繫起來。

附錄一　內閣一覽（1885-1926）

屆數	內閣	總理	出身/所屬黨派	任期
1	伊藤內閣（第一次）	伊藤博文	長州藩	1885.12.22-1888.4.30
2	黑田內閣	• 黑田清隆 • 三條實美（兼）	薩摩藩/陸軍	1888.4.30-1889.10.24
3	山縣內閣（第一次）	山縣有朋	薩摩藩/陸軍元帥	1889.12.24-1891.4.29
4	松方內閣（第一次）	松方正義	薩摩藩	1891.5.6-1892.7.30
5	伊藤內閣（第二次）	• 伊藤博文 • 井上馨（臨代） • 黑田清隆（臨代、臨兼）	長州藩	1892.8.8-1896.8.30
6	松方內閣（第二次）	• 松方正義 • 黑田清隆（臨代）	薩摩藩	1896.9.18-1897.12.27
7	伊藤內閣（第三次）	伊藤博文	長州藩	1898.1.12-1898.6.24
8	大隈內閣（第一次）	大隈重信	佐賀藩/憲政黨	1898.6.30-1898.10.31
9	山縣內閣（第二次）	山縣有朋	薩摩藩/陸軍元帥	1898.11.8-1900.9.26

屆數	內閣	總理	出身／所屬黨派	任期
10	伊藤內閣（第四次）	• 伊藤博文 • 西園寺公望（臨代、臨兼）	長州藩	1900.10.19-1901.5.2
11	桂內閣（第一次）	桂太郎	長州藩／陸軍	1901.6.2-1905.12.21
12	西園寺內閣（第一次）	西園寺公望	貴族	1906.1.7-1908.7.4
13	桂內閣（第二次）	桂太郎	長州藩／陸軍	1908.7.14-1911.8.25
14	西園寺內閣（第二次）	西園寺公望	貴族	1911.8.30-1912.12.5
15	桂內閣（第三次）	桂太郎	長州藩／陸軍	1912.12.21-1913.2.11
16	山本內閣（第一次）	山本權兵衛	薩摩藩／海軍	1913.2.20-1914.3.24
17	大隈內閣（第二次）	大隈重信	佐賀藩／憲政黨	1914.4.16-1916.10.4
18	寺內內閣	寺內正毅	長州藩／陸軍	1916.10.9-1918.9.21
19	原內閣	• 原敬 • 內田康哉（臨兼）	立憲政友會	1918.9.29-1921.11.5
20	高橋內閣	高橋是清	立憲政友會	1921.11.13-1922.6.6

屆數	內閣	總理	出身 / 所屬黨派	任期
21	加藤內閣	• 加藤友三郎 • 內田康哉（臨兼）	海軍	1922.6.12- 1923.8.26
22	山本內閣 （第二次）	山本權兵衛	薩摩藩 / 海軍	1923.9.2- 1923.12.27
23	清浦內閣	清浦奎吾	官僚	1924.1.7- 1924.6.7
24	加藤內閣 （第一次）	• 加藤高明 • 若槻禮次郎（臨 代、臨兼）	憲政會	1924.6.11- 1926.1.28

附錄二　大事年表（1912-1926）

■ 1912 年（明治四十五年 / 大正元年）

- 明治天皇逝世，皇太子嘉仁親王踐祚，年號大正，是為大正天皇。
- 鈴木文治結成友愛會
- 東京舉行憲政擁護第一次大會
- 第三次桂太郎內閣成立

■ 1913 年（大正二年）

- 大正政變（第一次護憲運動），桂內閣總辭職，第一次山本權兵衛內閣成立。
- 立憲同志會（後改為憲政會）成立，加藤高明任總裁。

■ 1914 年（大正三年）

- 第一次山本內閣總辭，第二次大隈內閣成立。
- 參加第一次世界大戰，向德國宣戰。
- 日軍佔領中國青島
- 東京驛（火車站）開業

■ 1915 年（大正四年）

- 對中國提出「二十一條」

- 北里研究所開所

■ 1916 年（大正五年）

- 吉野作造在《中央公論》倡導民本主義

- 《婦人公論》創刊

- 河上肇在《大阪朝日新聞》連載《貧乏物語》

- 立憲同志會、中正會、公友俱樂部共同結成憲
  政會。

- 文學家夏目漱石逝世

■ 1917 年（大正六年）

- 《主婦之友》創刊

- 美國參加第一次世界大戰，向德國宣戰。

- 東日本大暴風雨

- 俄國發生十月革命

■ 1918 年（大正七年）

- 發生米騷動，波及全國。

- 《赤鳥》創刊

- 武者小路實篤等創辦《新村》，其後且建設「新村」。
- 干涉俄國革命，出兵西伯利亞。
- 寺內內閣總辭，原敬組織政黨內閣。
- 赤松克麿等結成新人會
- 吉野作造等結成黎明會

■ 1919 年（大正八年）

- 巴黎和會召開，由 1 月 18 日至 6 月 28 日。
- 朝鮮發生三一運動
- 中國發生五四運動
- 帝國美術院成立
- 澀澤榮一等設立協調會

■ 1920 年（大正九年）

- 國際聯盟成立
- 股價暴跌，戰後恐慌開始。
- 平塚雷鳥等成立新婦人協會
- 日本初次舉行國際勞動節
- 設置鐵路省
- 高畠素之譯《資本論》開始刊行
- 大杉榮等結成日本社會主義同盟

■ 1921 年（大正十年）

- 日本共產黨成立
- 華盛頓會議召開，由 11 月 12 至翌年 2 月 6 日。
- 皇太子裕仁親王任攝政

■ 1922 年（大正十一年）

- 《華盛頓海軍條約》簽訂
- 全國水平社、日本農民組合相繼成立。
- 文學家森鷗外逝世

■ 1923 年（大正十二年）

- 菊池寬創辦《文藝春秋》
- 北一輝刊行《日本改造法案大綱》
- 關東大地震導致死者及下落不明者超過十四萬人
- 第二次山本內閣成立
- 舉行築地魚河岸開場式

■ 1924 年（大正十三年）

- 第二次護憲運動開始
- 大川周明等結成行地會

- 護憲三派聯合內閣成立
- 築地小劇場開場
- 甲子園野球場（棒球場）竣工
- 孫中山在神戶演講，題目是「大亞洲主義」。

■ 1925 年（大正十四年）
- 開始廣播事業
- 頒佈《治安維持法》
- 頒佈《普通選舉法》
- 日本勞動組合評議會成立
- 大日本相撲協會成立

■ 1926 年（大正十五年／昭和元年）
- 改造社刊行《現代日本文學全集》
- 大正天皇去世，攝政裕仁親王踐祚，年號昭和，是為昭和天皇。

附錄三　年號對照（1868-2021）

1868	明治元年（10月23日起）
1869	明治二年
1870	明治三年
1871	明治四年
1872	明治五年
1873	明治六年
1874	明治七年
1875	明治八年
1876	明治九年
1877	明治十年
1878	明治十一年
1879	明治十二年
1880	明治十三年
1881	明治十四年
1882	明治十五年
1883	明治十六年
1884	明治十七年
1885	明治十八年
1886	明治十九年
1887	明治二十年
1888	明治二十一年

1889	明治二十二年
1890	明治二十三年
1891	明治二十四年
1892	明治二十五年
1893	明治二十六年
1894	明治二十七年
1895	明治二十八年
1896	明治二十九年
1897	明治三十年
1898	明治三十一年
1899	明治三十二年
1900	明治三十三年
1901	明治三十四年
1902	明治三十五年
1903	明治三十六年
1904	明治三十七年
1905	明治三十八年
1906	明治三十九年
1907	明治四十年
1908	明治四十一年
1909	明治四十二年
1910	明治四十三年
1911	明治四十四年

1912	明治四十五年（至 7 月 30 日） 大正元年（7 月 30 日起）
1913	大正二年
1914	大正三年
1915	大正四年
1916	大正五年
1917	大正六年
1918	大正七年
1919	大正八年
1920	大正九年
1921	大正十年
1922	大正十一年
1923	大正十二年
1924	大正十三年
1925	大正十四年
1926	大正十五年（至 12 月 25 日） 昭和元年（12 月 25 日起）
1927	昭和二年
1928	昭和三年
1929	昭和四年
1930	昭和五年
1931	昭和六年
1932	昭和七年

1933	昭和八年
1934	昭和九年
1935	昭和十年
1936	昭和十一年
1937	昭和十二年
1938	昭和十三年
1939	昭和十四年
1940	昭和十五年
1941	昭和十六年
1942	昭和十七年
1943	昭和十八年
1944	昭和十九年
1945	昭和二十年
1946	昭和二十一年
1947	昭和二十二年
1948	昭和二十三年
1949	昭和二十四年
1950	昭和二十五年
1951	昭和二十六年
1952	昭和二十七年
1953	昭和二十八年
1954	昭和二十九年
1955	昭和三十年

1956	昭和三十一年
1957	昭和三十二年
1958	昭和三十三年
1959	昭和三十四年
1960	昭和三十五年
1961	昭和三十六年
1962	昭和三十七年
1963	昭和三十八年
1964	昭和三十九年
1965	昭和四十年
1966	昭和四十一年
1967	昭和四十二年
1968	昭和四十三年
1969	昭和四十四年
1970	昭和四十五年
1971	昭和四十六年
1972	昭和四十七年
1973	昭和四十八年
1974	昭和四十九年
1975	昭和五十年
1976	昭和五十一年
1977	昭和五十二年
1978	昭和五十三年

1979	昭和五十四年
1980	昭和五十五年
1981	昭和五十六年
1982	昭和五十七年
1983	昭和五十八年
1984	昭和五十九年
1985	昭和六十年
1986	昭和六十一年
1987	昭和六十二年
1988	昭和六十三年
1989	昭和六十四年（至 1 月 7 日） 平成元年（1 月 8 日起）
1990	平成二年
1991	平成三年
1992	平成四年
1993	平成五年
1994	平成六年
1995	平成七年
1996	平成八年
1997	平成九年
1998	平成十年
1999	平成十一年
2000	平成十二年

2001	平成十三年
2002	平成十四年
2003	平成十五年
2004	平成十六年
2005	平成十七年
2006	平成十八年
2007	平成十九年
2008	平成二十年
2009	平成二十一年
2010	平成二十二年
2011	平成二十三年
2012	平成二十四年
2013	平成二十五年
2014	平成二十六年
2015	平成二十七年
2016	平成二十八年
2017	平成二十九年
2018	平成三十年
2019	平成三十一年（至 4 月 30 日） 令和元年（5 月 1 日起）
2020	令和二年
2021	令和三年

主要參考書目

■中文

- 《世界歷史詞典》，上海：上海辭書出版社，
  1985 年。

- 莊錫昌主編《外國歷史名人辭典》，南昌：江
  西教育出版社，1989 年。

- 《世界近代史詞典》，上海：上海辭書出版社，
  1998 年。

- 夏征農、陳至立主編《大辭海‧世界歷史卷》，
  上海：上海辭書出版社，2011 年。

- 中國社會科學院編《簡明日本百科全書》，北
  京：中國社會科學出版社，1994 年。

- ［日］竹內理三等編，沈仁安、馬斌等譯《日
  本歷史辭典》，天津：天津人民出版社，
  1988 年。

- 吳杰主編《日本史辭典》，上海：復旦大學出
  版社，1992 年。

- 成春有、汪捷主編《日本歷史文化詞典》，南
  京：南京大學出版社，2010 年。

- 《日本文學詞典》，上海：上海辭書出版社，
  1994 年。

- 中國日本史學會編《日本歷史風雲人物評傳》，

天津：天津人民出版社，1988 年。

- 朱庭光主編《外國歷史名人傳（近代部分）》，
  重慶：中國社會科學出版社、重慶出版社，
  1982 年。

- 伊文成、湯重南、賈玉芹主編《日本歷史人物
  傳（近現代篇）》，哈爾濱：黑龍江出版社，
  1987 年。

- 趙曉春著《百代盛衰：日本皇室》，北京：社
  會科學文獻出版社，1998 年。

- 楊棟樑著《日本歷屆首相小傳》，北京：新華
  出版社，1987 年。

- ［日］鈴木正、［中］卞崇道等著《日本近代十
  大哲學家》，上海：上海人民出版社，1989 年。

- 卞崇道、王青主編《明治哲學與文化》，北京：
  中國社會科學出版社，2003 年。

- 中國日本史研究會編《日本史論文集》，北京：
  生活‧讀書‧新知三聯書店，1982 年。

- 《明治維新的再探討》，北京：中國社會科學出
  版社，1981 年。按：此書是《世界歷史》增刊
  論文集。

- 李顯榮、張宏儒、湯重南主編《外國歷史大事
  集（近代部分第三分冊）》，重慶：重慶出版
  社，1985 年。

- 中國日本史學會編《日本歷史風雲人物評傳》，
  天津：天津人民出版社，1988 年。

- 陳再明著《日本人物群像》，台北：聯經出版
  事業公司，1996 年。

- 錢婉約著《從漢學到中國學：近代日本的中國研究》，北京：中華書局，2007 年。

- 伊文成、馬家駿主編《明治維新史》，瀋陽：遼寧教育出版社，1987 年。

- ［美］安德魯‧戈登（Andreu Gordon）著，李朝津譯《200 年日本史：德川以來的近代化行程》，香港：中文大學出版社，2014 年。

- 周佳榮著《近代日本文化與思想》，香港：商務印書館（香港）有限公司，2015 年。

- 周佳榮著《細語和風：明治以來的日本》，香港：香港中和出版有限公司，2017 年。

■日文

- 芳賀幸四郎編著《日本史要覽》，東京：文英堂，1966 年。

- 五味文彥等編著《詳說日本史研究》，東京：山川出版社，1998 年。

- 永原慶二監修《岩波日本史辭典》，東京：岩波書店，1999 年。

- 入澤宣幸著《日本史 1200 人》，東京：西東社，2012 年。

- 日本史廣辭典編集委員會編《日本史人物辭典》，東京：山川出版社，2000 年。

- 《圖說江戶の人物 254》，東京：學習研究社，2004 年。

- 《世界を見た幕末維新英雄たち》，東京：新人

物往來社，2007 年。

- 《真說幕末明治維新史》，東京：ダイアプス，
  2018 年。

- 《明治維新百人》，東京：平凡社，1973 年。

- 《圖說‧明治の群像 296》，東京：學習研究
  社，2003 年。

- 利根川裕著《明治を創った人々》，東京：講
  談社，1986 年。

- 五味文彥編《日本史重要人物 101》，東京：
  新書館，1996 年。

- 松村正義著《國際交流史—近現代の日本》東
  京：地人館，1996 年。

- 《日本史有名人家族の情景》，東京：新人物往
  來社，2006 年。

- 鈴木旭、島崎晉著《日本史人物の謎 100》，
  東京：學習研究社，2008 年。

■英文

- *Kodansha Encyclopedia of Japan.* 9 vols. Tokyo
  and New York: Kodansha Ltd., 1983.

- *Japan: An Illustrated Encyclopedia.* 2 vols. Tokyo:
  Kodansha Ltd., 1993.

- *The Cambridge Encyclopedia of Japan.* Cambridge,
  New York and Melbourhe: Cambridge University
  Press, 1993.

- *The Kodansha Bilingual Encyclopedia of Japan.*

Tokyo: Kodansha International Ltd., 1998.《對譯日本事典》，東京：講談社國際株式會社，1998 年。

- *Huffman, James L., Modem Japan: An Encyclopedia of History, Culture, and Nationalism.* New York and London: Garland Publishing, Inc., 1998.

- *The Cambridge History of Japan.* Vols. 1-6. Cambridge: Cambridge University Press, 1988.

- Beasley, William G., *The Rise of Modem Japan.* London: Weidenfeld and Nicolson, 1991.

- *100 Japanese You Should Know.* Tokyo: Kodansha International Ltd., 1998.

- Varley, Paul, *Japanese Culture.* Forth Edition, Updated and Expended. Honolula: University of Hawaii Press, 2000.

- Huffman, James L., *Japan in World History.* Oxford & New York: Oxford University Press, 2010.

人名索引（筆畫次序）

策劃編輯　　　梁偉基

責任編輯　　　梁偉基

書籍設計　　　a＿kun

圖片提供　　　行　旅

地圖提供　　　行　旅

封面繪圖　　　黃錦麗

書　　名　　一本讀懂大正日本

著　　者　　周佳榮

出　　版　　三聯書店（香港）有限公司

　　　　　　香港北角英皇道 499 號北角工業大廈 20 樓

　　　　　　Joint Publishing (H.K.) Co., Ltd.

　　　　　　20/F., North Point Industrial Building,

　　　　　　499 King's Road, North Point, Hong Kong

香港發行　　香港聯合書刊物流有限公司

　　　　　　香港新界荃灣德士古道 220-248 號 16 樓

印　　刷　　美雅印刷製本有限公司

　　　　　　香港九龍觀塘榮業街 6 號 4 樓 A 室

版　　次　　2021 年 5 月香港第一版第一次印刷

規　　格　　大 32 開（132 × 210 mm）216 面

國際書號　　ISBN 978-962-04-4786-0

© 2021 Joint Publishing (H.K.) Co., Ltd.

Published & Printed in Hong Kong

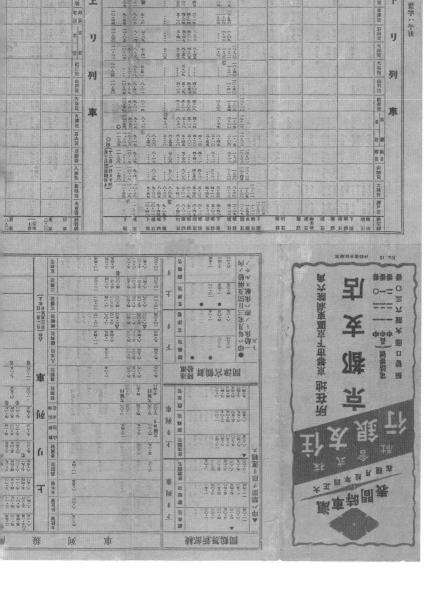

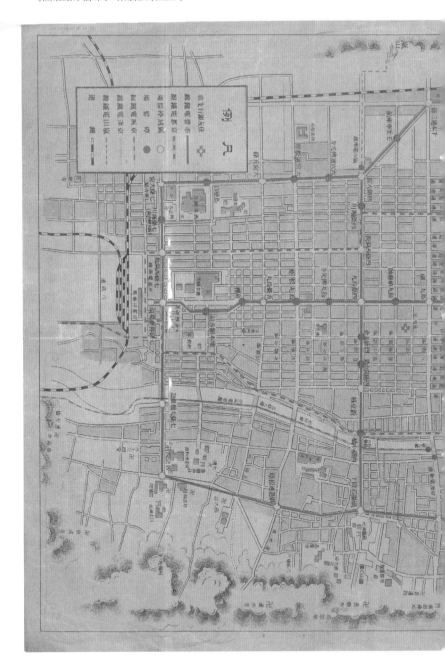

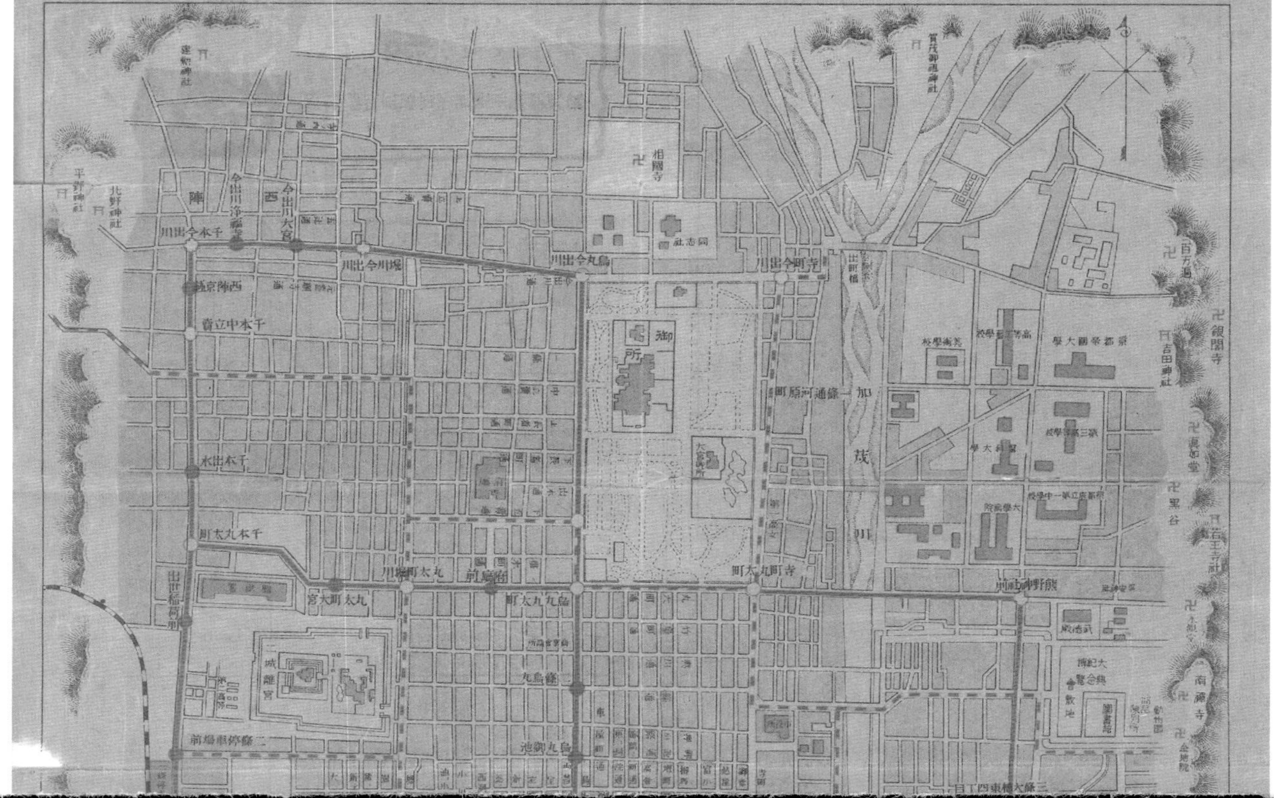